Qualitative Sozialforschung

Herausgegeben von
R. Bohnsack, Berlin, Deutschland
U. Flick, Berlin, Deutschland
Chr. Lüders, München, Deutschland
J. Reichertz, Essen, Deutschland

Die Reihe Qualitative Sozialforschung
Praktiken – Methodologien – Anwendungsfelder

In den letzten Jahren hat vor allem bei jüngeren Sozialforscherinnen und Sozialforschern das Interesse an der Arbeit mit qualitativen Methoden einen erstaunlichen Zuwachs erfahren. Zugleich sind die Methoden und Verfahrensweisen erheblich ausdifferenziert worden, so dass allgemein gehaltene Orientierungstexte kaum mehr in der Lage sind, über die unterschiedlichen Bereiche qualitativer Sozialforschung gleichermaßen fundiert zu informieren. Notwendig sind deshalb Einführungen von kompetenten, d. h. forschungspraktisch erfahrenen und zugleich methodologisch reflektierten Autorinnen und Autoren.

Mit der Reihe soll Sozialforscherinnen und Sozialforschern die Möglichkeit eröffnet werden, sich auf der Grundlage handlicher und überschaubarer Texte gezielt das für ihre eigene Forschungspraxis relevante Erfahrungs- und Hintergrundwissen über Verfahren, Probleme und Anwendungsfelder qualitativer Sozialforschung anzueignen.

Zwar werden auch grundlagentheoretische, methodologische und historische Hintergründe diskutiert und z. T. in eigenständigen Texten behandelt, im Vordergrund steht jedoch die Forschungspraxis mit ihren konkreten Arbeitsschritten im Bereich der Datenerhebung, der Auswertung, Interpretation und der Darstellung der Ergebnisse.

Herausgegeben von
Univ.-Prof. Dr. Ralf Bohnsack,
Freie Universität Berlin, Deutschland

Prof. Dr. phil. Uwe Flick,
Hochschule Berlin, Deutschland

Dr. Christian Lüders,
Deutsches Jugendinstitut,
München, Deutschland

Prof. Dr. Jo Reichertz,
Universität Duisburg-Essen,
Essen, Deutschland

Christofer Jost · Daniel Klug · Axel Schmidt
Armin Reautschnig · Klaus Neumann-Braun

Computergestützte Analyse von audiovisuellen Medienprodukten

Christofer Jost,
Daniel Klug,
Axel Schmidt,
Klaus Neumann-Braun,
Universität Basel,
Schweiz

Armin Reautschnig,
Wien, Österreich

ISBN 978-3-531-19458-5   ISBN 978-3-531-19459-2 (eBook)
DOI 10.1007/978-3-531-19459-2

Die Deutsche Nationalbibliothek verzeichnet diese Publikation in der Deutschen Nationalbibliografie; detaillierte bibliografische Daten sind im Internet über http://dnb.d-nb.de abrufbar.

Springer VS
© Springer Fachmedien Wiesbaden 2013
Das Werk einschließlich aller seiner Teile ist urheberrechtlich geschützt. Jede Verwertung, die nicht ausdrücklich vom Urheberrechtsgesetz zugelassen ist, bedarf der vorherigen Zustimmung des Verlags. Das gilt insbesondere für Vervielfältigungen, Bearbeitungen, Übersetzungen, Mikroverfilmungen und die Einspeicherung und Verarbeitung in elektronischen Systemen.

Die Wiedergabe von Gebrauchsnamen, Handelsnamen, Warenbezeichnungen usw. in diesem Werk berechtigt auch ohne besondere Kennzeichnung nicht zu der Annahme, dass solche Namen im Sinne der Warenzeichen- und Markenschutz-Gesetzgebung als frei zu betrachten wären und daher von jedermann benutzt werden dürften.

Gedruckt auf säurefreiem und chlorfrei gebleichtem Papier

Springer VS ist eine Marke von Springer DE. Springer DE ist Teil der Fachverlagsgruppe Springer Science+Business Media
www.springer-vs.de

Inhalt

1 Einleitung. Zur historischen, ästhetischen und systematischen Verortung des Musikvideos als paradigmatischem Fall der Audiovision 7

2 Was ist ein Musikvideo? 19
2.1 Audiovision als Techniksynthese von Bild, Text und Ton 19
    2.1.1 Bild: Ordnungsprinzipien, (musikbezogene) Visualisierungsstrategien, Dargestelltes, Darstellendes und Montage 20
    2.1.2 Text: Sprache, Stimme und Performanz im Horizont technischer Medialisierung 29
    2.1.3 Ton: Phonographische Produktion, (De-)Personalisierung von Klang, Standardisierung im Song-Format und kulturelle Formationen 33
    2.1.4 Bild-Text-Ton-Konfigurationen: Artifizialisierung und Naturalisierung 38
2.2 Medienproduktion, Ökonomizität und Distributionsstrukturen 49

3 Wie untersucht man ein Musikvideo? 57
3.1 Auslegung von AV-Produkten: Transkription/Deskription, Analyse und Interpretation 57
    3.1.1 Transkription/Deskription 60
    3.1.2 Analyse 66
    3.1.3 Interpretation 70
3.2 Computer und Analyse. Zur Entwicklung der Web-Applikation trAVis 71

4	**Computergestützte Fallanalyse**	81
4.1	Auswertungsinstrument und Gegenstand	81
	4.1.1 trAVis. Musikzentriertes Transkriptionsprogramm für audiovisuelle Medienprodukte – Kurzbeschreibung	81
	4.1.2 Programm-Management	82
	4.1.3 Analysegegenstand	84
	4.1.4 Programmoberfläche	85
4.2	Dimensionen im Analyseprozess	93
	4.2.1 Bewegtbildebene	93
	4.2.2 Textebene	103
	4.2.3 Tonebene	105
	4.2.4 Bild-Text-Ton-Korrespondenzen	110
	4.2.5 Kontextwissen	118
4.3	Darstellung und Verwertung	121
5	**Zusammenfassende Bemerkungen**	123

Quellenverzeichnis 127
    Literatur 127
    Internet 138
    Audio und Audiovision 138

1 Einleitung. Zur historischen, ästhetischen und systematischen Verortung des Musikvideos als paradigmatischem Fall der Audiovision

Musikfernsehen und Musikvideos haben in den letzten Jahrzehnten entscheidend zur Neuordnung kultureller Territorien beigetragen. Durch ihre Symbiose wurden zum einen einflussreiche Institutionen wie die Tonträgerindustrie, der Rundfunk und das Konzertwesen herausgefordert, also all jene Produktions- und Rezeptionsinstanzen, die die Konstituierungsphase der Popkultur in den 1960er und 70er Jahren in erheblichem Maße geprägt haben. Zum anderen gingen aus der Verbindung von Musikfernsehen und Musikvideo neue ästhetische Erscheinungsformen im Schnittfeld von Musik und bewegtem Bild hervor, die das Gestaltungsspektrum in bereits etablierten medialen Produktionsfeldern (vor allem in Film und Werbung) bereicherten. Dennoch gilt es, beide Phänomene, Musikfernsehen und Musikvideo, im Interesse einer intensivierten methodologischen Auseinandersetzung mit Populärkultur bzw. populärer Gegenwartsästhetik getrennt voneinander zu betrachten. Danach ist festzuhalten, dass es sich bei erstgenanntem Phänomen um eine soziale Organisation handelt, nämlich um einen kommerziell betriebenen Fernsehsender, welcher hinsichtlich seiner Programmausrichtung als Spartenkanal operiert. Ähnlich wie im Falle anderer Spartenkanäle (wie etwa Sport- oder Nachrichtenkanäle) gruppieren sich Inhalte und Programmgestaltung um ein zentrales Thema, hier: die populäre Musik respektive ihre (damals neue) visuelle Erscheinungsweise: das Musikvideo. Voraussetzung hierfür war die Entwicklung des Kabelfernsehens in Amerika zu Beginn der 1980er Jahre: »The transatlantic success of music video awaited the moment at which cable TV became an option for a substantial number of Americans and targeted audiences became commercially attractive« (Aufderheide 1986: 60). Medienökonomisches Ziel eines solchen Narrow-Castings ist es, eine spezifische Zielgruppe mit Hilfe eines für diese besonders interessanten Themenkomplexes zu erreichen, um dieses spezifische Publikumssegment wiederum an spezifisch interessierte Werbetreibende zu verkaufen. Im Falle der Musiksender handelt es sich um die Zielgruppe der Jugendlichen und jungen Erwachsenen auf der einen respektive um die auf dem so genannten Jugendmarkt operierenden Industrien (so etwa Konsumgüter-, Kleidungs-, Elektronik- und Tonträgerindustrie) auf der anderen Seite, welche durch lifestyle- und konsumaffine Popmusik bzw. -kultur mithilfe MTVs (als Popmusiksender) kurzgeschlossen werden (sollen). Im Falle des US-amerikanischen Fernsehsenders MTV *(MusicTeleVision)* handelt es sich um den weltweit ersten kommerziellen Musikspartenkanal mit einem 24-Stunden-Programm und zugleich um den wohl prominentesten Vertreter des Musikfernsehgenres (siehe hierzu ausführlich Abschnitt 2.2).

MTV ist als Teil der 1984 gegründeten Aktiengesellschaft ›MTV Networks‹, welche heute wiederum eine Tochter des Viacomkonzerns ist, ein global operierendes Medienunternehmen, das neben seiner primären Funktion als Fernsehsender vor allem auch als Bestandteil juveniler Lifestylewelten fungiert und damit als globale Marke operiert. Im Falle des Musikvideos hat man es dagegen zunächst mit einer Kunstgattung respektive einem ästhetischen Gebilde zu tun, welches eigenen Gestaltungsprinzipien folgt, die häufig unter der Bezeichnung ›Clipästhetik‹[1] firmieren. Musikvideos sind in diesem Sinne ein »act of aesthetic communication« (Williams 2003: 5), was die Zuschauer auf spezifische Weise ansprechen soll – warenförmiger Programminhalt kommerziell operierender Musikfernsehsender sind sie in dieser Hinsicht erst in zweiter Linie.

Musikvideos sind in der Regel drei- bis fünfminütige Videofilme, in denen ein Musikstück (Pop- und Rockmusik in allen Spielarten) von einem Solointerpreten oder einer Gruppe in Verbindung mit unterschiedlichen visuellen Elementen präsentiert wird.[2] Keazor und Wübbena (2005: 55 ff.) fügen diesen Kriterien die Spezifikationen der Reproduzierbarkeit und der technischen Manipulierbarkeit hinzu: Damit von einem Musikvideo die Rede sein kann, muss das Produkt zum einen unabhängig von einer Aufführung (wie etwa Oper oder Konzert) verfügbar sein (d. h. die Gleichzeitigkeit von Bewegung, Kunst und Musik ergibt noch kein Musikvideo) und sich zum anderen durch eine gewisse »Mani-

---

1 Vgl. Bühler (2002: 208); Neumann-Braun et al. (1997); Neumann-Braun und Schmidt (1999: 13 ff.).
2 Einschlägige Definitionen des Musikvideos finden sich bei Altrogge (1994b, 2002), Winter und Kagelmann (1993) sowie Bergermann (2003). Die Ablösung der (analogen) Videoaufzeichnungstechnik durch digitale Verfahrensweisen schlägt sich in der wissenschaftlichen Literatur in der zunehmenden Bevorzugung der Bezeichnung Musikclip nieder. Im Folgenden soll dennoch dem historischen Sprachgebrauch Musikvideo gefolgt werden, da hierdurch dem gesamten kulturgeschichtlichen Komplex Rechnung getragen wird, der zur Ausdifferenzierung des Clips als bedeutender popästhetischer Ausdrucksform geführt hat.

pulation des Gezeigten (durch technische Eingriffe wie Zeitlupe oder die Montage anderweitigen Materials)« (ebd.: 56) auszeichnen.

Allerdings waren Musikvideos als eine Synthese aus ›Sound‹ und ›Vision‹ so neu nicht.[3] Die Verschmelzung von Bild und Ton kann auf eine lange kulturhistorische Tradition[4] zurückblicken und so genannte Popclips[5] gab es lange Zeit bevor irgendjemand an eine *MusicTeleVision* gedacht hatte. Allerdings verschaffte erst die historisch einmalige Verschränkung einer spezifischen Darstellungsform (Verschmelzung von (Pop-)Musik und (Video-)Bild) mit einer spezifischen Distributionsform (Musik*fernsehen*) dem Musikvideo einen festen Platz innerhalb der Populärkultur. So fallen die ›eigentliche‹ Geburtsstunde des (kommerziellen) Musikvideos und die der Musiktelevision zusammen: »What is really important about music video is its emergence in the 1980s as a routine method for promoting pop singles« (Goodwin 1992: 30). Die in den 1980er Jahren mit den Musikfernsehsendern auf diese Weise entstandene und populär gewordene ›Clip-Kultur‹ überschritt schnell die medialen Grenzen und beeinflusste Film- und Fernsehschaffende (besonders eindrücklich in der US-Serie *Miami Vice*, die im Jahr 1984 startete und aufgrund ihrer Musiklastigkeit und der schnellen Schnitte seinerzeit als ›videoclipartig‹ empfunden wurde), so dass MTV respektive seine Clips auch jenseits des eigenen Senders großen Einfluss auf die ästhetische Entwicklung des Fernsehens hatten (vgl. Goodwin 1992: 186 f. und Denisoff 1988: 251 ff.). Das Gros der Musikvideos wird inzwischen unter Bedingungen industrieller Massenproduktion hergestellt, dient Werbezwecken und folgt erkennbaren Genrekonventionen dergestalt, dass bestimmte Musikstile spezifische ästhetische Gestaltungsstandards respektive typische Topoi, Motive und Sujets implizieren, etwa im Hip-Hop- oder Dancefloor-Bereich.[6] Gleichzeitig avancierten Clips zu künstlerischen Ausdrucksformen, denen in Museen

---

3   Zur Entwicklung des Videoclips als Kunstgattung vgl. Barth und Neumann-Braun (1996); Bódy und Bódy (1986); Bódy und Weibel (1987); Gehr (1993); Weibel (1987).
4   Etwa in Form so genannter »Soundies« oder »Scopitones« (vgl. Kurp et al. 2002: 44 ff.; Roth 2005; Keazor und Wübbena 2005: 55 ff.).
5   Als eigentliche Vorläufer der heutigen Videoclips gelten kurze Promotional Films, die die Plattenindustrie in den frühen 70ern einsetzte. Michael Nesmith, Ex-Sänger der TV-Band The Monkees und Pop-Solist, brachte die in Australien übliche Bezeichnung ›Popclip‹ nach Amerika und legte 1977 mit seiner Produktion *Rio* ein Konzeptvideo in heutigem Sinne vor (vgl. Banks 1996: 29; Goodwin 1992: 30; McGrath 1996: 27 ff.). In Kooperation mit John A. Lack produzierte er eines der ersten Pilotprojekte, das mit solchen ›Musikfilmchen‹ eine ganze Sendung zu füllen gedachte. Die Sendung debütierte 1980 auf dem Warner-Kanal ›Nickelodeon‹ und erhielt den Namen »Pop Clips«; sie gilt als der direkte Vorläufer MTVs.
6   Vgl. Altrogge und Amann (1991); Altrogge (2001b); Kurp et al. (2002: 52); Kerscher und Richard (2003) sowie Keazor und Wübbena (2005: 67 ff.). Dass mit solchen Genrekonventionen gespielt

eigene Ausstellungen und Retrospektiven gewidmet werden, beispielsweise in der Düsseldorfer Ausstellung »25 Jahre Videoästhetik« oder der Werksschau »Chris Cunningham – Come to Daddy« in Hannover (vgl. Keazor und Wübbena 2005: 9). Auch die Musiksender selbst sind mit diversen Retroclipcharts und historischen Rückschauen dazu übergegangen, ihre Wurzeln zu pflegen. Solche Tendenzen der Traditionspflege und Musealisierung verweisen auf den Umstand, dass die Ära des Musikvideos einem Ende zustrebt bzw. zumindest ihren Zenit überschritten hat (vgl. ebd.: 11).

Dennoch und jenseits historischer Abgesänge: Die Bauweise des Musikvideos folgt eigenen Gesetzen, welche einer gesonderten systematischen Betrachtung bedürfen. Im Kern heben die meisten Definitionen des Musikvideos auf die Aspekte der zeitlichen Begrenzung, der Materialität des Mediums (Video) sowie des Werbezwecks (für (Pop-)Musikinterpreten und deren Tonträger) ab. Spezifische Ästhetik und Bauprinzipien des Musikvideos erscheinen dann als eine logische Folge dieser spezifischen Aufgabenstellung, nämlich einem Popsong durch ›Zugabe‹ visuellen Materials zu kommerziellem Erfolg zu verhelfen. Aus dieser sozioökonomischen Grundkonstellation des (kommerziellen) Musikvideos ergeben sich weitere zentrale Strukturprinzipien der Gattung, welche vor allem dem Umstand geschuldet sind, dass ein vorgängiges tonales Produkt (Musik/Song) visuell zu unterstützen ist.

So herrscht im Musikvideo (in Abgrenzung zur Filmmusik) ein inverses Bild-Ton-Verhältnis, denn »die Visualisierung hat die Aufgabe, die Musik zu propagieren und ein ›Sehen von Tönen‹ zu ermöglichen« (Schmidbauer und Löhr 1996: 12). »Im Video gibt es einen ›visual track‹, der die Musik, aber keinen ›sound track‹, der die Visualisierung begleitet« (ebd.). Dieser synästhetischen Verkehrung ›natürlicher‹ Wahrnehmungssituationen Rechnung tragend wurden Musikvideos mit (ent-)sprechenden Bezeichnungen wie etwa »Augenmusik« (Barth und Neumann-Braun 1996), »Tönende Bilder« (Altrogge 2001a–c), »Werbende Klangaugen« (Hausheer 1994), »Visueller Sound« (Hausheer und Schönholzer 1994), »The Look of Sound« (Aufderheide 1986) und »visuelles Radio« (Bechdolf 1996) belegt. Durch die Bilder der Musikvideos beschreibt sich populäre Musik selbst, lässt Musik ›sichtbar‹ werden, jedoch nur – so schreiben Junker und Kettner (1996: 53) – als »metonymischer Teil einer erlebnismäßig viel weiteren, synästhetischen Erregung, die den Sehsinn übersteigt«. Aufgrund dieser experimentellen Möglichkeiten zur Verschränkung von Bild und

---

wird, ist ein Hinweis auf ihre stabile Verankerung innerhalb populärer Kultur (vgl. Richard 2003).

Ton, die das Musikvideo als Mediengattung eröffnet, wurde es häufig mit synästhetischen Kunstformen verglichen. Eine Reihe von Arbeiten beschäftigt sich daher mit den kulturhistorischen Wurzeln des kommerziellen Musikvideos.[7] Zudem verschränken sich in Musikvideos Funktionen und Darstellungsweisen verschiedener Mediengattungen (insbesondere (Pop-)Musik, Radio, Fernsehen, unterschiedlichste Techniken (audio-)visueller Präsentation) respektive populärer Kunstformen (wie Tanz, Schauspielerei, Styling, Starinszenierungen und Live-Konzert). Koch (1996) weist darauf hin, dass Musik, Bilder und Songtext, als Sprache oder sprachähnliche Gebilde gefasst, eine je eigene Geschichte ›erzählen‹, wobei diese Geschichten sich wechselseitig verstärken, hemmen oder widersprechen können. Aus dem losen Zusammenspiel dieser Ebenen entsteht eine enorme Fülle an Interpretationsmöglichkeiten, sprich: ein enormer Bedeutungsüberschuss.[8]

Die hervorstechendste formale Restriktion, der Musikvideos unterworfen sind, ist ihre zeitliche Limitierung. In der Tendenz führt dies zu einer Fragmentierung bzw. Auflösung narrativer zugunsten assoziativer Kohärenzprinzipien und zu einer Verwendung prägnanter und semantisch überdeterminierter Bildfragmente und -folgen.[9] Fraglich ist dann, wie bildlichen Darstellungen in Musikvideos Bedeutungen zukommen bzw. wie sich die einzelnen Bildfragmente zu kohärenteren Aussagen verknüpfen. Bilder, Bildfolgen und -fragmente im Musikvideo weisen häufig über ihre Funktion als ›primary source‹ (d. h. die bildliche Darstellung als solche, als ›ikonisches Denotat‹) hinaus, indem sie als intertextuelle Verweise fungieren. Musikvideos sind angefüllt mit Zitationen und Anspielungen auf Hintergrundtexte wie bekannte Personen/Stars, Filme, politische Ereignisse, historische Begebenheiten, religiöse Symbolwelten u. v. a. m. Vor allem in Konzept- und seminarrativen Videos (siehe unten) werden Bildfragmente in assoziativer Weise verknüpft und aufeinander bezogen (sie folgen damit weder einer Handlungs- noch einer argumentativ-rationalen Logik). Ihre semantische Struktur erscheint lose, inkohärent und bisweilen beliebig, weswegen Musikvideos in hohem Maße Mehrdeutigkeiten (Polysemien) produzieren, die je nach kulturellem Standort des Rezipienten in unterschiedlichster Weise

---

7 Vgl. Gehr (1993); Bodý und Weibel (1987); Bodý und Bodý (1986); Hausheer und Schönholzer (1994).
8 Vgl. auch die Arbeiten im Umkreis der Cultural Studies zum Phänomen Musiktelevision und Videoclips: Kaplan (1987), Goodwin (1993), Frith et al. (1993) und Schwichtenberg (1993); ein forschungsorientierter Literaturüberblick zu diesen früheren Arbeiten findet sich in Neumann-Braun et al. (1997).
9 Vgl. Kerscher und Richard (2003) sowie Sierek (1994).

vereindeutigt werden können. Neue (und unscharfe) Bedeutungen entstehen auf diese Weise grundsätzlich dadurch, dass Bekanntes neu arrangiert, d. h. in einem ersten Schritt de-kontextualisiert wird, um in einem zweiten Schritt re-kontextualisiert zu werden.[10] »Alles, was bildförmig ist« – so merken Kerscher und Richard (2003: 204) an –, »kann und wird auch unabhängig vom Inhalt verwertet. Rhythmus und Schnitt verschmelzen selbst Unvereinbares zu einer neuen Metamorphose«. Musikvideos handelten sich deswegen – vor allem zu Beginn – Etikettierungen wie »Zitatenkarussell«, »kultureller Steinbruch«, »Bilderflut« und »Bilder-Recycling« ein, Einschätzungen, die sich vornehmlich auf sinnliche Ersteindrücke stützten sowie auf die Qualität des Musikvideos, Seh- und Hörsinn gleichermaßen und jenseits von Logik und Kausalität anzusprechen. Das (Film-)Bild im Musikvideo erlangt auf diese Weise eine – zumindest innerhalb populärkultureller Zusammenhänge – nie da gewesene Autonomie. Es kann mehr oder weniger explizit mit jedem Aspekt eines Musikstücks interagieren, mit rhythmischen Strukturen ebenso wie mit den Gemütsbewegungen, die durch einen Songtext zum Ausdruck kommen, mit dem Starimage der Künstler oder der Band ebenso wie mit der Klangfarbe und des dadurch unter Umständen evozierten Musikgenres.[11]

Da im Musikvideo die Musik respektive der Ton die Bilder bestimmt und nicht umgekehrt[12], das Musikvideo also – wie Wulff (1989: 436) betont – »ein Mittel [ist], den Song zu kommunizieren«, liegt es nahe, zunächst die Musik respektive die ihrer Aufführung immanenten Elemente für eine Strukturbildung im Musikvideo verantwortlich zu machen. Eine basale Kohärenz entsteht daher zum einen durch die repetitive Struktur der meisten Popsongs sowie zum anderen durch die Inszenierung der Musikerzeugung und -aufführung durch die Künstler. Die so genannte Performance ist auch heute noch die vorherrschende Darstellungsform der meisten Musikvideos. So merkt Wulff (1989: 436) an, dass »die Überlegung, den Vollzug der Musik als dominierende Makrostruktur des Textes anzusehen, nahe liegt«.[13] Kohärenz entsteht des Weiteren auf der Ebene der filmischen Montage. Schumm (1993) zeigt am Musikvideo zum Song *Cloudbusting* von Kate Bush, wie durch spezifische Schnitttechniken die Narration formal zusammengehalten wird.[14] Musikvideos bewegen sich darüber hinaus im Rahmen von Popkultur und ihrer spezifischen jugendkulturellen Stildiversifizie-

---

10 Vgl. etwa Altrogge (1994a, c).
11 Vgl. etwa Junker und Kettner (1996).
12 Vgl. hierzu unter anderem Abt (1988), Altrogge (1994b) sowie Behne (1987).
13 Vgl. hierzu auch Wulff (1999b).
14 Vgl. hierzu insbesondere auch Altrogge (2001a).

rungen im Allgemeinen sowie innerhalb eines Programm-Flows der Musiksender im Besonderen. So betonen Burnett und Deivert (1995: 21) in Anlehnung an Goodwin (1993): »that the meaning [of music videos – Anm. d. Verf.] cannot be really understood without the knowledge of the culture of pop stardom, fandom, and musical context«. Das kommerzielle Musikvideo ist also insbesondere kulturindustriellen und medienökonomischen Zwängen sowie – daraus resultierend – populärkulturellen Gestaltungszwängen unterworfen. Seine Ästhetik ist gebunden an spezifische Herstellungs-, Verwendungs-, Distributions-, Nutzungs- und Rezeptionskontexte. Musikvideos werden (heute) in aller Regel innerhalb musikindustrieller Produktionsbedingungen hergestellt, im Rahmen werbestrategischer Ziele verwendet, über das Medium Fernsehen respektive Internet distribuiert respektive genutzt sowie als der Welt der Popkultur entstammende Produkte rezipiert. Insbesondere seit dem Sendestart von MTV ist diese – für popkulturelle Produkte ohnehin typische – Symbiose aus Kommerz, Unterhaltung, Vergnügen und jugendlichem Lifestyle, gepaart mit symbolisch-imaginärer Widerständigkeit[15], intensiviert worden (vgl. Keazor und Wübbena 2005: 67).

Solche Einsichten in die besondere Bauweise der Musikvideos brachten zum einen spezifische Analyseheuristiken hervor, welche sich zum anderen in gegenstandsbezogenen Ordnungsversuchen (Musikvideotypologien) niederschlugen. Versuche, Ordnung in die neuartige Bilderflut zu bringen, orientierten sich zunächst eher an literarischen, filmstilistischen und semantischen Kategorien (vgl. Goodwin 1993; Kaplan 1987), während aktuelle Modelle Musikvideos in typologischer Hinsicht nach strukturellen Prinzipien klassifizieren[16] und in interpretativer Hinsicht innerhalb musikvideospezifischer (in diesem Sinne analytisch relevanter) Kontexte verorten.[17] Musikvideoanalysen erfuhren dementsprechend im Zuge eines angemesseneren Gegenstandsverständnisses eine zunehmende Differenzierung und Spezialisierung respektive Eigenständigkeit.[18] Da – anders

---

15 Vgl. grundlegend Clarke (1979) und Hebdige (1979).
16 Vgl. für frühe Versuche: Betz (1990), Menge (1990), Springsklee (1987) sowie Schwichtenberg (1992). Die luzideste Darstellung findet sich bei Altrogge (2001a–c).
17 Vgl. etwa Kerscher und Richard (2003); die umfänglichste Darstellung findet sich bei Keazor und Wübbena (2005).
18 Von den frühen Videoclipanalysen im Umkreis der Cultural Studies (vgl. Mercer 1989; Curry 1993), welche eher an Film- bzw. Kulturanalysen im Allgemeinen erinnerten, heben sich neuere analytische Zugänge (vgl. insbesondere Altrogge 2001b; Keazor und Wübbena 2005; Kerscher und Richard 2003; Jacke 2003) vor allem dadurch ab, dass sie clipspezifische Strukturprinzipien (insbesondere etwa das inverse Bild-Ton-Verhältnis) und Kontexte (insbesondere etwa subkulturspezifische Ästhetiken) analytisch fruchtbar machen. Eine Sammlung einschlägiger Clipanalysen findet sich in Neumann-Braun (1999).

als beim Film, welcher sich anhand von Genres ordnen lässt – der Bezug auf Erzähltraditionen als Kohärenz stiftendes Moment beim Musikvideo kaum möglich ist (vgl Helms 2003a) und deswegen umgekehrt – wie Altrogge und Amann bereits 1991 anmerken – »der Informationsgehalt der Bilder sich damit nicht aus ihren Inhalten, sondern aus den Bezügen, die zwischen den einzelnen Bildern im Kontext der Musik hergestellt werden, erklärt« (173), ist die Ausgangsfrage heutiger Ansätze zur Interpretation von Musikvideos – so Altrogge (1994b: 198) – die nach der »Rolle des Tons bei der Wahrnehmung der Bilder und deren möglicherweise rückwirkende Konsequenzen für die Generierung musikalischer Bedeutung«.

Dieser Frage lässt sich Altrogge zufolge prinzipiell in zweierlei Weise nachgehen, nämlich erstens in rein formaler Hinsicht, indem gefragt wird, wie tonale und bildliche Einzelereignisse bzw. Sequenzen strukturell montiert sind (etwa mit Blick auf musikalische Rhythmen und Schnittfolgen). Zweitens kann dies in semantischer Hinsicht geschehen – hierunter fallen sowohl Inhalte (Propositionen) als auch Bedeutungen, die durch Formen (formalästhetisch) erzeugt werden –, indem etwa auf die Korrespondenz von Musikfarbe respektive die dadurch erzeugte Stimmung und die durch die (inhaltlichen/formalästhetischen) Bilddarstellungen denotierten/konnotierten Bedeutungen eingegangen wird. Heutige Ansätze zur Musikvideoanalyse erscheinen daher als integrierte Kombinationen typologischer Modelle, welche an der Frage nach musikvideoimmanenten Kohärenzprinzipien ansetzen, und darauf aufbauender analytischer Verfahren, welche solche Einsichten nutzen, um formalen und semantischen Bild- und Text-/Ton-Korrespondenzen durch entsprechende Kontextualisierungen nachzugehen.

Ordnender Ausgangspunkt heutiger Musikvideotypologien ist die sogenannte Performance, welche als die selbstverständlichste Verbindung von Bild und Musik erscheint, da es sich um die synchrone visuelle Umsetzung des Gehörten in Form der Darstellung einer musikalischen Aufführung handelt, bei der Ort, Zeit und Handlung homogen sind. Musikvideos lassen sich auf diese Weise in Abhängigkeit von Sichtbarkeit und Kontextualisierung des/der Interpreten als mehr oder weniger Performance-lastig klassifizieren. Eine Abnahme des Bezugs auf diese ›natürliche‹ Situation der Musikerzeugung bedeutet eine zunehmende Artifizialität der Bilder (denn sie erscheinen nun zunehmend nicht mehr durch den Kontext der Musikerzeugung motiviert), welche andere Prinzipien der Kohärenzherstellung erzwingen. Erscheint das Bild nicht mehr (vollständig) als Ursache des Tons (Performance) bzw. wird deren kausale Verschränkung entkoppelt, erringen die Bilder zunehmend einen eigenständigen symbolisierenden Status. Mit steigender Autonomisierung der Bilder folgen diese damit einem eigenständigen, der visuellen Ebene immanenten Konzept. Je nach Kohärenzgrad der visuellen Binnenstruktur entfalten die Bilder autonome Geschichten (narrativ) oder zeigen Ereignisse (situativ) und/oder Bildfragmente (illustrativ), welche in bloß assoziative Relationen zu Musik/Songtext treten (siehe hierzu vertiefend Abschnitt 2.1.4). Dabei gilt allgemein: Je mehr visuelle Binnenstruktur das Musikvideo in semantisch-narrativer Hinsicht erreicht, desto weniger bedürfen die Bilder der Strukturvorgabe der Musik, sowie umgekehrt gilt, dass fragmentarische Bildfolgen eher als Begleiterscheinungen der Musik wahrgenommen werden. Musikvideos lassen sich auf diese Weise hinsichtlich performativer und konzeptueller Elemente beschreiben (mit den Unterarten: narrativ, situativ, illustrativ), was häufig zur prototypischen Klassifizierung von Musikvideos als (vornehmlich) performativ (Darstellung einer Musikaufführung/-erzeugung), narrativ (die Bilder erzählen eine mehr oder weniger eigenständige Geschichte) bzw. konzeptuell/assoziativ (die Bilder stehen in einem mehr oder weniger losen, situativen/illustrativen Zusammenhang zur Musik) genutzt wird. Je nach Autonomiegrad, welcher der visuellen Ebene zugesprochen werden kann, je nach dem, ob es sich also um eher Performance-lastige, eher narrative oder eher konzeptuelle Musikvideos handelt, spielen zum Teil völlig unterschiedliche Analyseaspekte eine Rolle.[19] Dementsprechend orientiert sich die Interpretation von Musikvideos in aller Regel an folgenden Aspekten:

a. Analysedimensionen

- Analytische Trennung unterschiedlicher Ebenen der Symbolisierung (Bild, Sprache, Ton) sowie deren einzelanalytische Betrachtung hinsichtlich formalästhetischer und inhaltlicher (Propositionen) Strukturen,
- eine Analyse der Interaktionen zwischen den jeweiligen Symbolisierungsebenen (sowie deren jeweiligen formalästhetischen und semantischen Strukturen),
- eine Analyse der rein formalen, strukturellen Zusammenhänge von Bild, Sprache und Ton, welche zudem unterschiedliche Reichweiten aufweisen können; sie können sich:
  - auf die Koinzidenz einzelner visueller, textlicher und musikalischer Ereignisse (punktuelle Kookkurrenzen von Einzelelementen: Worte, Bilder, Harmonien),

---

19 Vgl. etwa die Clipanalysen von Schumm (1993); Wulff (1999b) sowie Altrogge (1993).

- auf die strukturellen Parallelen, die sich aufgrund eines gemeinsamen Rhythmus von Bild und Ton/Text über längere Zeit oder durchgängig ergeben, sowie
- auf die Parallelen hinsichtlich der formalen Ordnung des Materials (d. h. die partielle Übereinstimmung von auditiven und visuellen Strukturen in Form einer Übereinstimmung bestimmter Ton-/Textsequenzen mit immer wiederkehrenden Bildfolgen) beziehen.

b. Analyseheuristiken

Der Interpretationslogik sequenzanalytischer Verfahren[20] folgend lassen sich sinnstrukturierte Gebilde (hier: das Musikvideo) prinzipiell hinsichtlich vertikaler, paradigmatischer (Frage nach der spezifischen Motiviertheit einzelner Elemente/Elementketten oder Kombinationen von Elementen/Elementketten) sowie horizontaler, syntagmatischer Aspekte (Frage nach den syntaktischen und semantischen Mustern der Verkettung innerhalb einzelner Syntagmen (Text, Melodie, Bildfolgen) respektive deren Kombination) in den Blick nehmen. Bedeutung und Funktion einzelner Bild-, Sprach- und Tonelemente bzw. -ketten und deren jeweilige Kombinationen lassen sich auf diese Weise vor dem Hintergrund nicht realisierter Möglichkeiten näher bestimmen.

c. Kontextualisierungen

Die Bestimmung der Spezifität syntaktischer/formalästhetischer und semantischer/propositionaler (inhaltlicher) Strukturen im Musikvideo respektive die zu diesem Zweck notwendige gedankenexperimentelle Angabe prinzipiell möglicher, jedoch nicht realisierter Bedeutungsmöglichkeiten erfordert einen umfänglichen kulturellen Wissensvorrat hinsichtlich ästhetischer Gestaltungstraditionen (Literatur, Film, Kunst, Popkultur etc.), klassischer Erzählmotive sowie bereichs- und subkulturspezifischer Lebensstile und Ausdrucksformen. Durch die Einbettung des einzelnen Musikvideos in unterschiedlichste Kontexte (Subkultur, Musikstil, Star(text), Album etc.) lassen sich Einzelelemente innerhalb des Musikvideos hinsichtlich Bedeutung und Funktion vereindeutigen.[21]

---

20 Vgl. zusammenfassend Schneider (1994, 1997 sowie 2004).
21 Siehe hierzu etwa die instruktive Analyse des Hip-Hop-Clips *Work It* der Künstlerin Missy Elliot in Keazor und Wübbena (2005: 79 ff.).

Resümierend lässt sich festhalten: Das Spezifische der Gattung Musikvideo ist weniger an gezeigten Inhalten festzumachen, als vielmehr an der Form, in der das Musikvideo visuelle, tonale und sprachliche Strukturen miteinander verknüpft. Entscheidend ist daher weniger, welches Bildmaterial präsentiert als vielmehr wie es mit der Musik verkoppelt wird (vgl. Altrogge 1992), wodurch ein eigenständiges Produkt entsteht, welches letztlich nicht vollständig auf seine Werbungsfunktion für andere Produkte (hier: den entsprechenden Tonträger respektive den/die Interpreten) reduziert werden kann.[22]

---

22 Dies zeigt zum einen der erfolgreiche Vertrieb von Clipsamplern als (ökonomisch wie ästhetisch) eigenständige Produkte (vgl. Keazor und Wübbena 2005) sowie die Wandlung des Clips von einer an Stilen anderer medialer Gattungen partizipierenden zu einer selbst stilprägenden medialen Gattung, auf die Film und Werbung als Inspirationsquelle zurückgreifen.

2 Was ist ein Musikvideo?

2.1 Audiovision als Techniksynthese von Bild, Text und Ton

Die wissenschaftliche Auseinandersetzung mit dem Musikvideo rührt an der grundsätzlichen Frage, wie und wozu (populäre) Musik in audiovisuelle Formate eingebunden wird bzw. welcher ›Mehrwert‹ entsteht, wenn Musik und visuelle Darstellungen bzw. Filmbilder – jeweils für sich bereits eigenständige und allgegenwärtige Phänomene – zusammenkommen. Allgemeiner Rahmen und Ausgangspunkt des vorliegenden Buches ist damit der Blick auf Verschränkungsverhältnisse spezifischer physikalischer Reizqualitäten (Optisches, Akustisches) mit spezifischen sinnlichen Modalitäten (Sehen/visuell, Hören/auditiv), welche durch Medienproduktion gleichermaßen generiert (Bild, Text/Sprache und Ton auf Objektseite) wie adressiert (visuelle und auditive Wahrnehmung auf Subjektseite) werden. Mit anderen Worten: Im Fokus stehen inszenatorische sowie bedeutungsgenerierende Prozesse, welche in und durch die mediale bzw. technische Verquickung von visueller und auditiver Wahrnehmung hervorgebracht werden. Das Konzept der Audiovision erhält erst dadurch Kontur, dass die Fähigkeit des menschlichen Sensoriums, Akustisches und Optisches simultan wahrzunehmen, durch Medientechniken verdoppelt (nachgeahmt, simuliert, reproduziert) und verfremdet wird. Das bedeutet, dass Produktion und Rezeption audiovisueller Medien sich erst vor dem Hintergrund einer idealtypisch als ›natürlich‹ begriffenen, nicht durch Tertiärmedien vermittelten Alltagserfahrung bzw. -wahrnehmung profilieren, innerhalb derer visuelle und auditive Wahrnehmung simultan erfolgt, man also das sieht bzw. sehen könnte, was man hört und umgekehrt.

Prinzip dieser Anordnung ist die Kontiguität wahrnehmbarer Objekte bzw. der kausal-indexikalische Nexus von visuell wahrnehmbaren Objekten und ihren klanglichen Hervorbringungen.[23] Diese Anordnung stellt zugleich die grundlegende Ableitungsbasis für abweichende Fälle dar, etwa wenn Sinne blockiert werden, Reize aufgrund der äußeren Umstände die Sinne nicht erreichen oder

---

23 Erst vor dem Hintergrund dieser ›Normalformerwartung‹ ist das Konzept des ›O-Tons‹ sinnvoll, welches in dem Moment virulent wird, in dem Ton und Bild technisch bedingt auseinander treten können (vgl. Kessler 2007).

Reize aufgrund der Qualität des Reizes für die menschlichen Sinne nicht wahrnehmbar sind – immer spielt die Vorstellung, dass man etwas, was man sieht, auch hören bzw. etwas, was man hört, auch sehen könnte, qua Inferenzprozesse eine wahrnehmungs- und wirklichkeitskonstituierende Rolle. Denn: Ich ›weiß‹, dass es etwas zu sehen respektive zu hören gäbe, wären nur die Umstände entsprechend.

Ungeachtet seiner audiovisuellen Grunddisposition umschließt das Medienprodukt Musikvideo drei Materialebenen, denen in der Gesellschaft der Status des Sinnerzeugers zukommt: Bild, Text und Ton. Einblicke in das Zustandekommen multimodaler Wahrnehmung können folglich erst auf Grundlage der Erkenntnis der jeweiligen Verfasstheit dieser Ebenen eröffnet werden. Grundlegende Überlegungen hierzu seien im Folgenden angestellt.

2.1.1 Bild: Ordnungsprinzipien, (musikbezogene) Visualisierungsstrategien, Dargestelltes, Darstellendes und Montage

Die basale (populär)kulturelle Referenz für die visuelle Gestaltung von Musikvideos ist die historisch und technisch bedingte Präsentation eines Musikstücks in Form einer Live-Darbietung. In dieser führen Interpreten unter Zuhilfenahme technischer Apparate (z. B. Aufbauten, PA-Beschallung, LED-Wand) musikalisch-klangliche Produktionshandlungen auf, die sich zu dem Musikstück als aufgeführtes Produkt verdichten und ein räumlich und zeitlich übereinstimmendes Gesamtereignis erzeugen (vgl. Auslander 1999: 3 ff.). Im Gegensatz dazu weisen Musikvideos bildtechnische Bearbeitungen auf, die bedingen, »dass sich Aufführung und Video auch insofern voneinander unterscheiden, als die zeitliche und räumliche Kontinuität des Gezeigten im Fall des Clips schon auf der visuellen Ebene durchbrochen wird« (Keazor und Wübbena 2005: 56). Dies gilt im Musikvideo ebenso für die akustische Ebene, denn Bildereignis und Musikereignis entstehen zeitlich und räumlich versetzt. Das Musikstück existiert als Tonträgermaterial bereits vor den Bildern, diese werden erst nachträglich und in Orientierung an die musikalisch-klangliche Struktur des Musikstücks sowie an die Genrezugehörigkeit des Künstlers oder der Band hinzugefügt. Die Präsentation der Starperson(en) und des Songs in Verbindung mit unterschiedlichen visuellen Zusatzelementen (vgl. Neumann-Braun und Schmidt 1999: 10 f.) ist im Musikvideo folglich durch ein inverses Verhältnis von Bild und Musik gekennzeichnet (vgl. Schmidbauer und Löhr 1996: 12).

Dies spiegelt sich nun in den gängigen Klassifikationen von Musikvideos wider, welche sich auf die grundlegenden Formen der Bezugnahme der Bildereignisse zum zugrunde liegenden Musikstück stützen. Die Live-Performance auf einer Bühne oder in einem Studio dient dabei als Ausgangspunkt für die basale Unterscheidung in Performance-Clips (die als ›reine‹ Performance oder als Konzeptperformance an verschiedenen Orten Formen der Musikdarbietung zeigen) und in Konzept-Clips (die sich anhand der Kriterien Ort, Zeit und Handlung schrittweise von der Darstellung einer entsprechenden Musikdarbietung entfernen) (siehe auch Kapitel 1). Performance-Clips zeigen in unterschiedlichster Art und Weise die Darbietung und die Präsentation des gesamten Musikstücks oder einzelner musikalisch-klanglicher Elemente. Diese Formen der Musikaufführung können von den Musikern oder von anderen Personen bzw. Figuren dargeboten werden. Entscheidend ist, dass eine Handlung oder ein Ereignis zu sehen ist, das im weitesten Sinn performativ ist. Daher kann diese Kategorie ebenso für entsprechende Darstellungen in anderen audiovisuellen Formaten verwendet werden.

Konzept-Clips sind nun anhand der Elemente Ort, Zeit, Person und Handlung als verschiedene Grade der Abstraktion bzw. Entfernung von der Darstellung der Musikperformance bzw. von performativen Darstellungen zu verstehen. Konzept-Clips werden des Weiteren bezüglich der auftretenden Personen in »Konzept mit Interpreten« und »Konzept ohne Interpreten« untergliedert (vgl. Altrogge 2001b: 33 ff.) sowie hinsichtlich der internen Darstellungslogik im Verhältnis zur Musik unterschieden. Narrative Musikvideos weisen oftmals chronologisch oder linear verlaufende Bildgeschichten auf, die unabhängig von den Musikereignissen eine zusammenhängende Sinnstruktur besitzen; situative Musikvideos präsentieren eher aneinander gereihte, unzusammenhängende Bildereignisse, die zwar jeweils als geschlossene Sinneinheit fungieren können, ihren übergeordneten Zusammenhang erhalten sie jedoch letztlich durch die Kombination mit dem strukturiert ablaufenden Musikstück; illustrative Musikvideos bestehen hauptsächlich aus Collagen singulärer und meist gegenständlicher Bildereignisse, die im Rhythmus der Musik aneinander montiert wurden und höchstens pointierte Zusammenhänge erzeugen, die ohne die Musik weder existieren könnten noch würden.

Bei diesen basalen Musikvideotypen handelt es sich allerdings um idealtypische Reinformen, die als solche nur äußerst selten vorliegen – am ehesten ließe sich noch die ›reine‹ Performance identifizieren. Gerade Musikvideos liegen als Mischformen der genannten Typen vor, z. B. wenn performative bzw. musikbezogene Darstellungen (dis)kontinuierlich in narrative, situative und/oder illustrative Zusammenhänge integriert werden.

Somit lassen sich aus der Musikvideoanalyse, wie im vorangegangen Kapitel angedeutet, die Ordnungsprinzipien performativ, narrativ, situativ und illustrativ herleiten, die auch in anderen audiovisuellen Medienprodukten einer ersten wie auch grundlegenden Zuordnung der visuellen Ereignisse dienen. Vor allem in Musikvideos lässt sich über diese Ordnungsprinzipien das Verhältnis von zu sehenden Bildereignissen und zu hörenden Musik-/Tonereignissen erfassen, sie dienen hier insbesondere als Äquivalent zu filmischen Kategorien wie ›story‹ oder ›plot‹. Analysiert man Werbespots, Web-Clips oder kürzere Filmsequenzen, so lässt sich auch in diesem Fall das Bildgeschehen mittels der Ordnungsprinzipien relativ schnell in erste brauchbare Sinneinheiten unterteilen, die in der weiteren und der abgeschlossenen Analyse die grundlegende Struktur der Bildereignisse wiedergibt.

Die inverse Kombinationslogik von Bildereignissen und Ton-/Musikereignissen im Musikvideo bedingt nun, dass Bild- und Klangereignisse in der Audiovision des Musikvideos in keinem kausalen Verhältnis zueinander stehen, vielmehr besteht lediglich der Anschein einer direkten Verbundenheit zwischen akustischem und visuellem Ereignis. Die Produktions- bzw. Kombinationsreihenfolge aus präexistentem Musikstück und ihm hinzugefügten Visualisierungen verhindert, dass es sich bei den hinzugefügten Bildereignissen um die Visualisierungen der entsprechenden hervorbringenden Klangquellen handeln kann bzw. handeln könnte. Für das Musikvideo gilt daher als Grundvoraussetzung: Die Bildereignisse des Musikclips erzeugen in der Regel nicht die musikalisch-klanglichen Ereignisse des Musikstücks des Musikvideos. Die Audiovision des Musikvideos ist somit eine *Audio-Vision* im Sinne einer neuen Verkoppelung, die durch die Art und Weise konstruiert wird, in der sich die hinzugefügten Bildereignisse relational zu den musikalisch-klanglichen Elementen positionieren. Im Fall des Musikvideos handelt es sich also zunächst um die Visualisierung populärer Musik und eben nicht um die Musikalisierung von Bildern (siehe hierzu ausführlich Klug 2011a).

Folglich ist die zentrale Darstellungsstrategie in Musikvideos die Visualisierung zugrunde liegender (Pop-)Musikstücke respektive deren musikalisch-klanglicher Einzelelemente. Als Teil der postulierten Methodenkombination der Musikvideoanalyse orientiert sich die Analyse der Bildebene an den Analysekategorien der (Spiel-)Filmanalyse (vgl. Jost und Klug 2009: 198). Die existierenden Modelle der Filmanalyse weisen dabei mehrheitlich die Grundkategorien der Analyse der Handlung, der Figuren und der Bauformen auf. Je nach method(olog)ischem Zugang werden auf dieser Basis weitere Kategorien wie z. B. die Analyse von Normen und Werten (vgl. Faulstich 2002: 26 f.), die Analyse der Kontexte (vgl. Mikos 2003: 57 ff.) oder die Analyse von Textsorten und Genres (vgl. Borstnar et al. 2002: 48 ff.) benannt.

Auch bezüglich der notwendigen Transkription des Analysematerials mittels Sequenz- bzw. Einstellungsprotokoll existieren nahezu einheitlich die folgenden Grundkategorien: laufende Nummer der Einstellung, Länge der einzelnen Einstellungen, Kameraaktivitäten, Deskription der Bildereignisse, Deskription der Tonereignisse (vgl. Korte 2004: 32 f.). In der Musikvideoanalyse ist erstens eine grundlegende analytische Trennung von (Bewegt-)Bildebene, (Song-)Textebene und Musik-/Tonebene nötig, zweitens muss die Bildebene betreffend eine analytische Trennung in Elemente der kameratechnischen Bildgestaltung und des Bildinhalts vorgenommen werden (vgl. Borstnar et al. 2002: 131). Auf Basis der Filmanalyse müssen die Kategorien der Musikvideoanalyse nun greifbar machen können, dass das Musikvideo gegenüber dem Spielfilm eine spezifische Struktur der audiovisuellen Ereignishaftigkeit besitzt, die auf dem konstanten Ablaufen des zugrunde liegenden Musikstücks basiert und nicht per se auf chronologisch oder narrativ konstruierten bzw. ablaufenden Bildereignissen.

Die Bildereignisse in Musikvideos können verschiedenste Formen annehmen, wobei ihnen gemeinsam ist, dass sie durch den Umstand der Visualisierung populärer Musik immer in Relation zum Musikstück zu setzen sind. Folglich müssen die Kategorien für die Analyse der Bildebene von Musikvideos entsprechend re-formuliert werden, da a) im Vergleich zur Filmmusik ein inverses Bild-Ton-Verhältnis vorliegt, das b) die Musik bzw. immanente Elemente ihrer Aufführung für eine Strukturbildung im Clip verantwortlich macht, wodurch c) in Musikvideos – und besonders in jenen zu Mainstream-Popsongs – die (Teil-)Performance, d. h. auch Gestik, Mimik, Tanz und Choreografie, nach wie vor die vorherrschenden Darstellungsformen sind. Ausgehend von derartigen musikbezogenen Darstellungen bieten sich im Musikvideo aber ebenso visuelle Inszenierungsformen an, die sich bezüglich Ort der Aufführung, musizierenden bzw. performenden Person(en) und/oder der Nähe zum Darstellungsakt des Musizierens schrittweise von einer nachgestellten Performance entfernen und letztlich gar als abstrakte Illustrationen vorliegen, die einzig der rhythmisierten Visualisierung der musikalisch-klanglichen Elemente dienen und nicht dem Generieren einer Performance, einer Narration oder einer Situativik.

Die Bildereignisse des Musikvideos können daher im filmwissenschaftlichen Sinne nicht zwingend als Handlungen verstanden und bezeichnet werden. Des Weiteren stehen auch die filmtechnischen Mittel in direktem Verhältnis zu den zugrunde liegenden Musikereignissen. Die Kamerahandlungen übernehmen dann weniger erzählende oder dramaturgische Aufgaben, sondern fungieren vielmehr als unterstützende Elemente in der Präsentation des musikalisch-klanglichen Materials oder sind wie im Fall der Montage der Verkettung unverbundener Bildereignisse im Rhythmus der Musik verschrieben. Erschwerend kommt hinzu, dass sich Musikvideos in der Visualisierung verstärkt computertechnischer Mittel bedienen, welche die Identifizierung einer physischen (filmischen) Kamera teils unmöglich machen. Der Handlungsbegriff ist somit für die Grundkategorien der Musikvideoanalyse auszuschließen und durch den Bezug zur Ereignishaftigkeit zu ersetzen, so dass grundlegend die Analysekategorien Dargestelltes, Darstellendes und Montage (= Darstellungsverkettung) zu identifizieren und anzuwenden sind (siehe auch Jost und Klug 2009: 198 ff.).

Die Kategorie Dargestelltes beinhaltet die Analyseelemente, mit denen das Bildgeschehen vor der Kamera beschrieben wird. Die Leitfrage in der Analyse des Dargestellten lautet: Wer oder was wird gezeigt? Das Bildgeschehen ist zunächst hinsichtlich der vorhandenen Charaktere zu untersuchen, die als Protagonisten, Helden usw. in Haupt- oder Nebenrollen auftreten können. Sie sind ihrem Wesen nach in fiktiv und real zu unterteilen (vgl. Kühnel 2004: 139 ff.), was für den Fall des Musikvideos anfänglich durch die Differenzierung zwischen Interpreten und Dritten vorgenommen werden kann. Prinzipiell muss unterschieden werden, ob es sich um eine (natürliche) Person handelt, oder im Sinne eines fiktiven Charakters um eine Figur, und ob diese einzeln oder aber als Personengruppe oder als Figurengruppe auftreten. Musikvideos – aber auch Werbespots – weisen in ihren Präsentationsformen oftmals eine Zentrierung auf einzelne Personen auf, so dass hier der Differenzierung in Einzelpersonen/Stars und Ensembles bzw. Personen-/Musikgruppen oder in Haupt- und Nebenfiguren besondere Bedeutung zukommt. Diese Konstellationen müssen gerade in Musikvideos immer unter dem Gesichtspunkt der Funktion der Person(en) für die Inszenierung des Musikstücks und deren Verhältnis zur Musikpräsentation betrachtet werden, insbesondere wenn es sich um Musikvideos mit Performanceanteilen handelt (dies betrifft vor allem die Funktionen von Tänzern, Background-Musikern und Publikum).

Gegenständliche Elemente des Bildgeschehens werden in Abgrenzung dazu nach Form und Ding unterschieden. Somit können in Abgrenzung zu Person und Figur auch Objekte und abstrakte und gegenständliche Darstellungen transkribiert und analysiert werden. Gegenständliche und abstrakte Bildelemente sind in Musikvideos häufig verstärkt an die rhythmischen und formalen Vorgaben durch das zugrunde liegende Musikstück gebunden. Ihr Verhältnis zu den musikalisch-klanglichen Elementen kann vor allem über die Art der Bewegung erfasst werden, die von einem oder mehreren der Bildelemente ausgeführt wird. Dabei müssen den Bewegungen einerseits nicht zwingend Handlungszusammenhänge unterstellt werden, andererseits können spezifische Bewegungen innerhalb von Handlungen analytisch hervorgehoben werden.

Neben den handlungs- und figurenbezogenen Kategorien muss auch in der Analyse von Musikvideos und Werbespots die Dramaturgie von Zeit und Raum untersucht werden. Das Setting fungiert in der Musikvideoanalyse als Äquivalent zum filmischen Raum, da es sowohl den Handlungsraum bzw. den Spielort, den symbolischen Raum, den Kameraraum, aber auch die reine Dekoration und die Ausstaffierung einer Szene beschreiben kann. Über das Setting werden somit auch abstrakte illustrative Darstellungsflächen oder (Bild-)Hintergründe in der Analyse erfassbar gemacht. In der Musikvideoanalyse fallen auch die filmischen Kategorien Licht (vgl. Kühnel 2008: 59 ff.) und Farbe (vgl. ebd.: 71 ff.) zum Teil unter die Kategorie Setting, da Musikvideos im Gegensatz zum Film eben nicht per se Handlungsräume aufweisen bzw. generieren. Licht und Farbe können in Musikvideos als Ereignis- bzw. Präsentationsraum oder -fläche fungieren oder eine/n solche/n gleichfalls ersetzen. Licht und Farbe stehen im Musikvideo oftmals in direktem Zusammenhang mit der Präsentation und Inszenierung der (Star-)Personen und Figuren. Zudem spielen sie in der Post-Production eine besonders große Rolle bei der Gestaltung von Visual Effects.

Die Unterscheidung von erzählter Zeit bzw. dargestellter Zeit (d. h. die zeitliche Ausdehnung der Geschichte zwischen ihrem Anfang und Ende) und Erzählzeit bzw. darstellender Zeit (d. h. die zeitliche Ausdehnung der Wiedergabe einer Erzählung) sollte ebenso in die Analyse von Musikvideos einfließen. Ihr kommt zwar selten jene dramaturgische Funktion wie im Spielfilm zu, die Darstellungsmodi der zeitdeckenden Darstellung, der Zeitraffung oder der Zeitdehnung (vgl. ebd.: 169 ff.) übernehmen im Musikvideo jedoch strukturierende Funktionen im Verhältnis von visueller Präsentation und präsentierter Musik. Durch die unveränderbare Dauer des zu visualisierenden Musikstücks liegt dem Musikvideo in der Regel eine vorgegebene Erzählzeit zugrunde, die den Bildereignissen als Orientierung dienen. Beispielsweise sind in reinen Performance-Clips erzählte Zeit und Erzählzeit nahezu deckungsgleich, wohingegen z. B. in narrativen Musikvideos eine starke Differenz zwischen der kurzen Dauer eines Clips und der in ihm präsentierten Zeitspanne vorliegen kann.

Somit ist es letztlich entscheidend, dass in der Musikvideoanalyse allgemein die Zusammenhänge der Musikereignisse (inklusive des Songtexts) und der Bildereignisse analysiert und speziell jene zwischen den Elementen einer Ebene analysiert werden. Durch die Analyse der Zusammenhänge lassen sich somit auch für das Musikvideo mögliche Erzählperspektiven identifizieren. Die Frage »Wer sieht?« zielt dabei auf etwaige (narrative) Perspektivierungen im visuellen Geschehen, die Frage »Wer erzählt?« hingegen auf den konkreten Songtext und die (Erzähler-)Stimme (vgl. ebd.: 221 ff.). Folglich gilt es in der integrierten Musikvideoanalyse allgemein die Zusammenhänge möglicher Erzählungen auf musikalisch-textlicher und auf visueller Ebene zu ermitteln und im Speziellen die Verhältnisse zwischen der Stimme als ›erzählender Instanz‹ des Musikstücks und den sichtbaren Personen/Figuren als ›darstellende Instanzen‹ der Bildereignisse offen zu legen.

Die Kategorie Darstellendes umfasst die Analyseelemente, mit denen die technischen Handlungen der Kamera und die Bauformen des Bildmaterials beschrieben werden. Die Leitfrage dieser Kategorie lautet folglich: Wie wird (etwas) gezeigt? Grundlage und Verbindung zur Kategorie ›Dargestelltes‹ ist hierbei die Anordnung der dreidimensionalen filmischen Welt in einem zweidimensionalen Raum des begrenzten Bildformats und somit in der Bildkadrierung (engl.: frame) (vgl. ebd.: 87 ff.). Hierauf basieren die Formen der räumlichen Wirkung wie z. B. die Erzeugung räumlicher Illusion durch perspektivische Verkürzung. Die Anordnung der Bildelemente im Bildraum spielt in Musikvideos eine wesentliche Rolle für die Formen und Funktionen der Inszenierung des visuellen Geschehens in Relation zu den zugrunde liegenden Elementen Musikstück und Songtext.

Die Kategorie ›Darstellendes‹ muss besonders für das Format Musikvideo hinsichtlich der Verwendung von Tricktechnik und Computeranimationen analysiert werden, da digitale Produktionstools inzwischen unbemerkt die physischen Kamerahandlungen nachstellen können und in der Folge eine Vielzahl neuartiger Darstellungsvarianten ermöglichen.

Die Unterkategorie Einstellungsgröße beschreibt den aktuell zu sehenden Bildausschnitt und umfasst standardmäßig die Größen Panorama, total, halbtotal, halbnah, amerikanisch, nah, groß und Detail (vgl. ebd.: 128 ff.). Diese unterschiedlichen Einstellungsgrößen übernehmen auch in Musikvideos bestimmte Funktionen in der Darstellung, so erzeugen z. B. eher nahe Einstellungen intime und emotionalisierte Momente der Präsentation entsprechender Songs bzw. Songteile durch die Starperson(en). Im Gegensatz dazu werden die eher weiten Größen oftmals genutzt, um bei Performances das Publikum zu zeigen und so eine umfassende Inszenierung eines ›gemeinschaftlichen‹ Erlebnisses zu erzeugen.

Die Einstellungsperspektive benennt die Relation zwischen dem Standort der Kamera und dem gezeigten Subjekt bzw. Objekt, sie wird im Allgemeinen in Vogelperspektive, Obersicht, Normalsicht, Bauchsicht, Untersicht und Froschperspektive unterteilt (vgl. ebd.: 143). Einstellungsperspektiven geben oftmals interpersonale Verhältnisse bzw. das Verhältnis von Personen/Figuren zu einem Ereignis oder Objekt wieder. Des Weiteren fungieren die verschiedenen Perspektiven als Orientierung im (Präsentations-)Raum: 1. zur Einführung in das Setting eines Clips; 2. zur Etablierung räumlicher Verhältnisse im Setting selbst; 3. zur Verdeutlichung der Relation von Personen/Figuren und Setting hinsichtlich der Nähe oder Distanz zu Elementen des Raums, zum aktuellen Geschehen im Raum und ebenso bezüglich der inszenierten Beziehung von Star(s) und Publikum in Performance-Clips (eine Untersicht kann bspw. das Aufschauen des potenziellen Publikums zur Starperson suggerieren).

Mit der Kamerabewegung werden die möglichen Bewegungen der filmenden Kamera erfasst. Hierbei ist wichtig, dass auch eine fixierte Kamera (d. h. eine unbewegte Kamera) als solche transkribiert werden kann. Die restlichen Bewegungen werden nach mobiler Kamera (Fahrt, Fahrt mit Kran) und immobiler Kamera (horizontaler Schwenk, vertikaler Schwenk, rollen) unterschieden. Hinzu kommen der Zoom In und der Zoom Out als Bewegungen, die durch die veränderte Einstellung des Kameraobjektivs entstehen, sowie die Handkamera als Gegenstück zu Kamerafahrt und Kameraschwenk. Zudem ist es möglich, dass Mehrfachbewegungen durch die gleichzeitige Verwendung von z. B. Zoom und Schwenk erzeugt werden (vgl. ebd.: 155 ff.). In Musikvideos sind Kamerabewegungen danach zu analysieren, ob es sich um eine dramaturgische und möglicherweise narrativ motivierte Verwendung handelt, ob eine begleitende Funktion bezüglich der Inszenierung von Starpersonen vorliegt, oder ob die Kamerabewegungen selbst als eigenständige Inszenierungsform konzipiert sind.

Zwei Phänomene lassen sich für die Kamerabewegung in Musikvideos besonders deutlich erkennen: Erstens werden in Performance-Clips häufig Handkameraaufnahmen zur Inszenierung authentischer (Konzert-)Performances bzw. zur Vermittlung eines Live-Eindrucks integriert; zweitens werden Kamerabewegungen zunehmend durch Computeranimationen und technische Mittel der Postproduction (für den Betrachter nicht erkennbar) simuliert.

Die Visual Effects sind eine Kategorie, die sowohl während der Produktion des visuellen Materials wie auch in der anschließenden Post-Production angewendet werden können. Es handelt sich dabei um spezielle Bildeffekte, die sich im Bildgeschehen identifizieren lassen. Sie können in Verbindung bzw. Ergänzung zu anderen genannten Bildelementen auftreten, die Besonderheit ist aber, dass (audio)visuelles Material auch zur Gänze aus wechselnden visuellen Effekten bestehen kann, die es entsprechend zu benennen gilt.

Mit dem Begriff der Montage werden schließlich die Auswahl, die Anordnung und die Verkettung der einzelnen Filmbilder zu einem kontinuierlichen Ablauf bewegter Bilder gekennzeichnet. Die Montagevorgänge finden vollständig und ausschließlich in der Post-Production statt. Die Leitfrage lautet hier: Wie wird das Gezeigte bzw. wie werden die Einstellungen miteinander verbunden? Bei der Montage (engl.: editing) wird grundlegend zwischen dem harten Schnitt und dem fließenden Schnitt unterschieden. Ein harter Schnitt (auch nur Schnitt bzw. engl.: cut) bezeichnet das nahtlose Aneinanderfügen einzelner Bilder, d. h. den »optische[n] Sprung von einer zur anderen Einstellung« (Monaco 2006: 146). Schnitt meint aber zugleich auch den technischen Vorgang des Zerschneidens, des Aussortierens und des erneuten Zusammenfügens des gefilmten Materials am Schneidetisch, bei dem verschiedene Versionen eines Films produziert werden können (Final Cut, Director's Cut) (vgl. ebd.). Hingegen verweist der Begriff Montage auf einen ästhetischen Aspekt der Zusammenstellung filmischen Materials – die Montage ist weniger eine Selektion sondern vielmehr eine Konstruktion durch die Verknüpfung und Neukombination einzelner Teile zu einem Ganzen (vgl. Kühnel 2008: 209 ff.). Der fließende Schnitt wiederum umfasst die unterschiedlichen Formen filmischer Blenden (Aufblende, Abblende, Überblende, Trickblende), die in unterschiedlicher Dauer als Strukturierungsmittel für fließende Bildübergänge fungieren (vgl. ebd.: 212 ff.). Aufgrund der Kürze des Formats können Musikvideos ebenso als Plansequenz vorliegen, d. h. ohne Montageelemente in Form einer einzigen, langen Einstellung (vgl. Monaco 2006: 129) und zum Teil sogar gänzlich ohne Kamerabewegungen.

Im Musikvideo stehen die Montageelemente in der Regel in direkter Verbindung mit dem zugrunde liegenden Musikstück: Zum einen werden die Bildereignisse in ihrer Dauer an die des Musikstücks angeglichen, zum anderen werden die Bildereignisse oftmals in Abstimmung auf den vorgegebenen Rhythmus des Musikstücks geschnitten und montiert. Die Analyse der Montage in Musikvideos sollte daher auf zwei Ebenen erfolgen: Erstens müssen die verketteten visuellen Elemente sowohl singulär als auch in der Chronologie ihrer Abläufe betrachtet werden und so die Funktion(en) der Montageelemente für die Generierung der gesamten Bildereignisse analysiert werden; zweitens müssen die Elemente der visuellen Montage im Zusammenhang mit den zugrunde liegenden musikalisch-klanglichen Elementen auf Basis von Kohärenzen zwischen den Einzelereignissen der beiden Ebenen hinsichtlich möglicher audiovisueller Montagen analysiert werden. Beispielsweise können in Performance-Clips Einstellungen einzelner Musiker und Einstellungen der gesamten Band in Orientierung an Gesangs- und Instrumentalparts montiert werden, die Montage situativer Elemente kann sich an den Wechsel von z. B. Strophe und Refrain anlehnen, verschiedene illustrative Elemente können auf unterschiedliche Weise Formteile des Musikstücks visualisieren usw.

Letztlich ist der wesentlichste Aspekt für das Musikvideo (und auch andere audiovisuelle (Kurz-)Formate) die Montage von Bild und Ton und die dadurch neu entstehenden audiovisuellen Korrespondenzverhältnisse. In der Filmanalyse wird in der Regel zwischen dem Originalton, der direkt beim Filmdreh aufgenommen wird, dem nachsynchronisierten Ton zum fertigen Bild und der Synchronisation von neuem bzw. weiterem fremdsprachigem Ton unterschieden. Der Filmton lässt sich dabei grundlegend nach den Kategorien Geräusch, Dialog und Musik sowie der Stille als dem Fehlen jeder Art von Ton klassifizieren (vgl. Kühnel 2008: 280 f.). In der Musikvideoanalyse muss dementsprechend das anfangs erläuterte inverse Verhältnis von (Bewegt-)Bild, (Song-)Text und Musik/Ton beachtet werden, denn bei den Musik-/Tonereignissen des Musikclips handelt es sich nicht um Originalton oder Filmton (siehe dazu ausführlich Klug 2011b). Die Montage der Bildereignisse auf die präexistenten Musikereignisse muss gesondert und unter Berücksichtigung der spezifischen Bauweise des Musikvideos betrachtet werden.

2.1.2 Text: Sprache, Stimme und Performanz im Horizont technischer Medialisierung

Das Verhältnis von Ton und Text im Musikvideo ist subsidiär in den globalen Zusammenhang von Musik und Sprache eingelagert.[24] Durch diese Grundeinsicht soll nicht die Sinnhaftigkeit einer textuellen Betrachtung des Sprachmaterials in Frage gestellt werden. Entscheidend ist nur, welchen Stellenwert man ihr in einer Clipanalyse zuteil werden lässt. Schließlich wird der Text gesungen bzw. vorgetragen, materialisiert sich also erst im performativen Vollzug der Stimme (vgl. Krämer 2006). Jene Materialisierung durch die Stimme bleibt während eines Konzerts flüchtig, erscheint im Speichermedium Tonträger indes in verewigter Form. Die Sprachzeichenhaftigkeit von Gesang wird dadurch nicht grundlegend in Abrede gestellt. Für die Konstituierung und Sedimentierung von Bedeutung in vokalen Formaten sind jedoch die Relationen zwischen Materialhaftigkeit einer Performance und Zeichenhaftigkeit des textuellen Basismaterials

---

24 Siehe hierzu Frith (1996: 159) sowie Vernallis (2002).

bedeutsam.[25] Den Text singen bedeutet gleichsam, Sinnzusammenhängen in expressiver Flüchtigkeit eine Gestalt zu geben, auf Bedeutungen aus zu sein. Gegebenenfalls kann dies auch zur Folge haben, dass Bedeutungen des Texts unterminiert werden, er also eine Umwertung über sich ergehen lassen muss. Sei es, er wird nach einer spezifisch musikalischen Logik neu rhythmisiert, oder bestimmte Silben werden verschluckt oder einfach aufgrund des sinnlichen Potenzials von Melos und Timbre, das Sinn temporär außer Kraft setzt bzw. in den Hintergrund drängt (vgl. Krämer 2006: 280 ff.).

Diese Überlegungen treffen prinzipiell auf den Spezialfall von (gesungener) Sprache in populärer Musik zu. Dem ist als wesentlicher Aspekt anzufügen, dass das Vokale im populärkulturellen Musikbereich auf verschiedenen Traditionslinien aufbaut, nämlich jenen von Blues, Jazz und Schlager.[26] Bereits in diesen historischen Sparten war der Gesang von einer eigentümlichen Verschmelzung von sozialem Verbalisationsgestus und traditionellen gesanglichen Elementen durchdrungen. Eine weitere Ausdehnung des vokalen Repertoires im Sinne fortwährender Synthetisierung fand dann mit Beginn der Rock 'n' Roll-Ära statt. Insbesondere die dem Alltäglichen entstammenden Formen der Verbalisierung wie z.B. Schreien, Sprechen, Flüstern – direkt zu veranschaulichen an Genres wie Heavy Metal, Hip-Hop und Chanson – haben mehr und mehr zu einer ästhetischen Etablierung von Pop-Sprache und -Stimme jenseits des traditionellen Gesangs[27] geführt. Das Phänomen Rap ist diesbezüglich nur eines unter vie-

---

25 Der Zusammenhang von Materialhaftigkeit und Zeichenhaftigkeit einer Aufführungssituation nimmt allgemein eine zentrale Position in den Diskussionen zum Performativitätsbegriff ein. Allgemein ist in den kulturwissenschaftlichen Diskursen eine verstehenskategoriale Verschiebung zugunsten der Begriffe Ereignis oder Präsenz zu beobachten. Für den Bereich der performativen Ästhetik siehe Fischer-Lichte 2004. Im Hinblick auf epistemologische Fragestellungen siehe Gumbrecht (2004).

26 Vgl. Wicke (1992: 452 ff.). Die genannte Trias rekurriert auf den historischen Tatbestand, dass populäre Musik im Allgemeinen und das Vokale im Speziellen sich in großen Teilen aus folkloristischen Elementen, vor allem afroamerikanischer Provenienz, speisen. Im gleichen Zuge gilt es aber, den Einfluss der europäischen Spiel- und Singtradition – repräsentiert durch den Schlager – hervorzuheben. So zeichnen sich im Schlager die europäischen Traditionslinien populärer Musikpraxis ab (vgl. Middleton 2001: 63).

27 Die Bezeichnung ›traditioneller Gesang‹ wird an dieser Stelle nicht als Gegenmodell zu vokaler Performanz in populärer Musik verstanden. Vielmehr gilt es, die Bezeichnung als Eingrenzung von vokalen Gattungen zu begreifen, die in Herkunft, Aufführungspraxis und Stilistik eine geringe Nähe zur populären Musik aufweisen. Hierzu zählt zum einen der klassische Gesang, der u.a. durch Begriffe wie Konzertgesang, Operngesang, Lied- und Oratoriengesang repräsentiert wird. Zum anderen ist hiermit auf das Gros der volksmusikalischen Gattungen weltweit verwiesen, die auf orale Tradierung und organisch-akustische Klangerzeugung aufbauen.

len Beispielen, das aufzuzeigen vermag, dass Sprache und Stimme im Sinne einer eigenen popularmusikalischen Idiomatik funktionieren.

Wendet man nun die Ausführungen zur Spezifik der vokalen Gestaltung in populärer Musik zurück auf die analytischen Anforderungen von populärer Musik, so wird deutlich, dass der Gesangsbegriff aufgrund seiner präskriptiven Anteile nur begrenzt von Nutzen ist. Demgegenüber vermeidet die Bezeichnung vokale Performanz begriffsbedingte Vor-Aussagen. Eine begriffliche Neu-Orientierung an ebenjener Bezeichnung sei an dieser Stelle empfohlen, denn sie führt über die Zwischenstufe einer Ausweitung des analytischen Vokabulars schließlich zu einem höheren reflexiven Schärfegrad. Hiernach ist durch vokale Performanz eine übergeordnete Verstehenskategorie geschaffen, entlang derer es möglich ist, klanglich-vokale Ereignisse auf das eigentümliche Wechselspiel von gesanglichen Anteilen und alltagssprachlichen Gesten hin zu durchleuchten.[28]

Mit dem Verweis auf die humanen respektive sozialen Eigenschaften von vokaler Performanz in populärer Musik ist ein erster Schritt zur analytischen Vermessung vollzogen. Der zweite Schritt erfolgt über ein weiteres determinierendes Bezugssystem: die Aufnahmetechnik (siehe auch Abschnitt 2.1.3). Das Aufnahmestudio hat mit seinen sich ständig vervollkommnenden technischen Möglichkeiten zur Differenzierung und Beeinflussung von Klang, insbesondere seit Einführung der Mehrspurtechnik, einen immer größeren Stellenwert in der Entwicklung der populären Musik bekommen (vgl. Wicke et al. 2001: 515). Die Aufnahme selbst gründet sich auf den Dreischritt Tonaufnahme, Abmischung und Mastering. Die musikalische Performance im Studio wird in Form einer Tonspur fixiert, mehrere Tonspuren übereinandergelegt ergeben dann den Song. Auf der

---

28 Simon Frith (1996: 168) bewertet die Integration von Umgangssprache in die ästhetische Form des Songs als eigentümliche ›Erhöhung‹ ebenjenes Sprachstils. Die Verschränkung von Umgangssprache und Musik ist infolgedessen Quelle spannungsreicher Musik-Text-Schöpfungen. In eine ähnliche Richtung verläuft Umberto Fioris (2000) Argumentation. Fiori legt dar, dass ein grundlegendes Prinzip popularmusikalischer Sprachgestaltung darin besteht, Emotionen durch alltagssprachliche Gesten auszudrücken (siehe hierzu auch Bradby und Torode 2000). Nach Griffiths (2003) besteht in Bezug auf Songtexte das Problem, dass diese nicht von vornherein als Lyrik oder Prosa bewertet werden können. Beide Gattungen markieren vielmehr die Polaritäten (»lyric und anti-lyric«) innerhalb des Gesamtspektrums an sprachlichen Ausdrucksmöglichkeiten in Songs. David Brackett (1995) wiederum sieht den eigentlichen perspektivischen Bezugspunkt von Songtextanalysen in den kollektiv geteilten Sinnfiguren gegeben, die sich sowohl im (Text-)Material als auch im Rezeptionsverhalten niederschlagen – terminologisch markiert als ›Meta-Narrative‹. Integraler Bestandteil einer Songtext-Analyse muss es demnach sein, herauszufinden, wie Meta-Narrative in bestimmten Genrekontexten funktionieren.

Basis von Klangeffekten und Mastering-Einstellungen kann die auditive Wahrnehmung entscheidend beeinflusst werden.

Die Aufnahme vermag es, den/die Interpreten präsent erscheinen zu lassen, wenn beispielsweise durch das Zusammenspiel von Echo- und Kompressor-Effekten in der Wahrnehmung des Hörers bestimmte Vorstellungen von Körperlichkeit und Räumlichkeit hervorgerufen werden. Dem ist aus Sicht des Performativitätsdiskurses anzufügen, dass die Stimme auf dem Tonträger nicht im Sinne tatsächlicher Präsenz erfahren wird. Vielmehr wird auf Grundlage von Präsenz-Effekten der Schein von Gegenwärtigkeit erzeugt (vgl. Fischer-Lichte 2004: 174). Nichtsdestoweniger bleibt der ursprüngliche Präsenzkontext, in dem Stimme entsteht, auf dem auditiven Speichermedium subjektiv imaginierbar. Die Aufnahme ist gewissermaßen mit performativen Anteilen aufgeladen. Simon Frith (1996: 187 f.) leuchtet ebenjene Aspekte stimmlicher Medialität und Performativität weiter aus. Er gelangt diesbezüglich zu der Grundannahme, dass die Vorstellbarkeit stimmlicher Ereigniskontexte einen zentralen Verständniszugang zum Phänomen Pop-Stimme darstellt. Darauf aufbauend apostrophiert er vier Imaginationsebenen, die die Interpretationsmöglichkeiten von Stimme in populärer Musik markieren. Hiernach wird die Stimme in einem Song vorgestellt als musikalisches Instrument, Körper, Person und Charakter.[29] Alle vier Ebenen werden analytisch-interpretativ relevant gesetzt. Für unseren methodologischen Blick auf das Themenspektrum Text-Ton ist dies dahingehend bedeutsam, dass hierdurch das Erfordernis artikuliert wird, um das Phänomen Stimme herum einen transdisziplinär verständlichen Begründungszusammenhang zu entwickeln, der sowohl spezifisch musikalischen als auch performanz- und medientheoretischen Perspektivierungsansätzen standhält.

Führt man nun die ursprüngliche Frage nach der Bedeutung des Texts in Popsongs mit den vorangegangen Ausführungen zusammen, so lässt sich als Fazit festhalten, dass die Bedeutungsebene Text in der übergeordneten Kategorie des Vokalen aufgeht. Das Vokale selbst ist als ein Netzwerk von musikalischen Elementen, Stimm-Körper, personal-biographischen Spuren, Singtraditionen, sprachlichen Gattungen und Registern, audiotechnischen Prozessen und semantischen Feldern zu abstrahieren.[30] Für die Analyse ist hiermit angedeutet, dass es sich im Falle stimmlicher Performanz um eine klangliche Hervorbringung han-

---

29 Auf das mediale Bezugssystem Aufnahmetechnik wird in Friths Modell auf der ersten Ebene des musikalischen Instruments Stimme eingegangen. So wird der gekonnte Umgang mit dem Mikrophon als wesentlicher Bestandteil musikalisch-stimmlicher Kunstfertigkeit verstanden (vgl. Frith 1996: 188).
30 Siehe hierzu auch die Ausführungen von Bielefeldt (2008).

delt, der das ›Äußerliche‹ innerlich zu sein scheint. Das gesungene Wort und die körperliche Entäußerung können folglich als Variablen eines ästhetischen Ausdruckskomplexes verstanden werden, die je nach Darbietung und Darbietungskontext bestimmte Sinnpotenziale zur Entfaltung bringen.[31]

2.1.3 Ton: Phonographische Produktion, (De-)Personalisierung von Klang, Standardisierung im Song-Format und kulturelle Formationen

Die Tonebene eines Musikvideos beruht i. d. R. auf der Tonstudio-Aufnahme eines Songs oder einer im Tonstudio aufbereiteten Live-Aufnahme eines Songs. Zuweilen sind der Aufnahme auch songfremde Klänge beigemischt. Für ein tiefergehendes Verständnis der Tonebene eines Musikclips sind somit Einsichten in die Spezifika der phonographischen Produktionspraxis erforderlich. Dieser kommt im Hinblick auf die Verbreitung und die stetig steigende gesellschaftliche Akzeptanz von populärer Musik nach dem Zweiten Weltkrieg eine überaus große Bedeutung zu. Der studiotechnisch generierte Klang drang über das Radio und andere Tertiärmedien in die Lebenswelten von Menschen weltweit ein. Die permanente Weiterentwicklung der Studiotechnik hat zur Etablierung immer neuer Klang- bzw. Hörstandards beigetragen. Der Siegeszug phonographischer Produktionen lässt sich zudem auf die Einbindung in eine ökonomische Infrastruktur zurückführen, die Tonträgerindustrie. So waren und sind Plattenfirmen daran interessiert, auf der Grundlage der massenhaften Verbreitung eines Produkts, des Tonträgers, ihre Stars zu bewerben.

Mit der Studio-Aufnahme wird ein Produkt verbreitet, welches ein klangliches Geschehen überträgt, dessen Set an Eigenschaften nicht nur auf die musikalischen Handlungen der mit dem Produkt vermarkteten Personen zurückzuführen ist. Was als das Zusammenspiel von Instrumenten und Stimmen präsentiert wird, ist in Wahrheit das Resultat eines komplexen Ineinandergreifens von Mehr-

---

31 Der genannte Begründungszusammenhang von gesungenem Wort, körperlicher Entäußerung und Darbietungskontext geht auf die Ausführungen Paul Zumthors zum Oralitätsbegriff zurück. Hierin setzt Zumthor ferner die Variablen Akteur und Medien zentral. In diesem Sinne artikuliert er einen umfassenden Deutungsansatz, der auch im Hinblick auf die nicht musikstrukturellen Materialaspekte populärer Musik seine Gültigkeit behält (siehe Zumthor 2002: 243). Zumthor gibt aber an anderer Stelle zu bedenken, dass es problematisch wäre, jede gestische und mimische Qualität in ein Zeichensystem zu verorten. Allerdings kann die Geste Zeichen in dem Maße sein, als sie kulturell bedingt ist oder in einem bestimmten Milieu eine konventionelle Bedeutung trägt (vgl. Zumthor 1988: 712).

spur- und Schneidetechnik, Klangeffekten, EQ- und Mastering-Einstellungen.[32] Die Stars bzw. Künstler werden also auf der Tonaufnahme in rein klanglicher Weise inszeniert, d.h. bestimmte instrumentale oder vokale Eigenschaften werden akzentuiert, andere womöglich ausgeblendet. Es obliegt den Produktverantwortlichen, darüber zu entscheiden, welches Klangmaterial medial fixiert wird und seinen Weg in das Endprodukt findet. Dies hat zur Folge, dass auch klangliche Ereignisse, die beim Hören den Eindruck von Spontaneität und Improvisationsgabe vermitteln, letzten Endes nicht als Ereignisse im Sinne eines instantanen, unwiederbringlichen Geschehens zu bewerten sind, sondern als Bemühen, einen bestimmten Ausdruckscharakter als persistente Ausdrucksqualität eines Künstlers oder einer Band zu implementieren. Infolgedessen sind Aspekte der phonographischen Produktion inklusive des entsprechenden Fachvokabulars als konstitutiv für jedwede Analyse von Pop-/Rocksongs zu erachten.

Im Zuge des wachsenden Einflusses moderner Abspiel- und Speichermedien hat sich die Allgegenwärtigkeit von personalisierter Musik als beständiges kulturelles Phänomen heraus kristallisiert (siehe hierzu Wicke 2001: 32f.).[33] Speziell in den Spielarten der populären Musik nach dem Zweiten Weltkrieg scheint das Moment der Selbstpräsentation betont und bis hin zur Selbstausstellung gesteigert zu werden. Dies trifft sowohl auf den Songwriter oder die Band zu, der/die einen eigenen Song spielt, als auch auf den Interpreten, der sich auf die Darbietung fremden Musikmaterials beschränkt. Hinter jeder medial ermöglichten Musikerfahrung steht ein Name respektive eine Person, die in den Vordergrund drängt, die in die musikalische Darbietung ihre spezifischen Eigenschaften einschreibt und in der Folge im Zusammenschluss mit der Musik entdeckt oder (wieder)erkannt werden möchte. Dabei mutet es fast schon paradox an, dass ausgerechnet die in technisch-medialer Armierung hervorgebrachte populäre Musik untrennbar mit der Wahrnehmungskategorie Person verbunden ist.

---

32 Das Gesamtspektrum an Klangeffekten setzt sich heutzutage aus einer überaus großen Anzahl an ›traditionellen‹ Effekten wie z.B. Delay und neuartigen, spezialisierten Effektkombinationen zusammen. Zu den wichtigsten Instrumentarien zählen besagtes Delay sowie Echo, Reverb, Kompressor, Chorus, Flanger und Phaser. Das Mastering beschreibt den Vorgang der Post-Produktion und der Fixierung einer Tonträgerspur. Wesentliche Bearbeitungsprozesse und -instrumente des Masterings sind: Equalizer, Kompressor, Limiter und Geräuschreduktion (noise reduction). Siehe hierzu auch Wicke (2001, 2009).

33 Diese Form des Personenbezugs findet auch innerhalb des Musikmarktes der sogenannten Klassischen Musik statt. Silke Borgstedt arbeitet anhand von Fallanalysen heraus, dass beliebte Klassik-Interpreten in ein ähnliches Geflecht an Bedingungsfaktoren eingebunden sind wie die Stars der populären Musik. Dies lässt sich vor allem entlang der massenkommunikativen Vermittlung von Images rekonstruieren (vgl. Borgstedt 2008).

Das kollektive Wissen über populäre Musik wird somit in tiefgreifender Weise durch die Zentrierung von Personen als Identitäts- und Materialitätsträger geprägt. Man kann gedanklich noch einen Schritt weitergehen und die musikbasierten Selbstpräsentationen im Sinne von Erinnerungsfiguren der gegenwärtigen (populär)kulturellen Ordnung lesen. Diese These wird durch einen Traditionsstrom untermauert, der einst mit den TV-Auftritten von Elvis Presley oder den Beatles begann und über die Selbst-Monumentalisierungen des (Hard-) Rock bis hin zu den Clip-Inszenierungen von Megastars wie Madonna und Michael Jackson führte. Im Verlauf dieses Traditionsstroms hat sich die Instituierung von Individuen als Schnittstellen musikalischen Erlebens vollzogen.[34] Der Rückblick auf die Geschichte der populären Musik vermittelt einen Eindruck davon, in welch nachhaltiger Art und Weise personalisierte Musikproduktionen die Wahrnehmung von populärer Musik als Ganzes geprägt haben (vgl. Wicke 2001: 13 ff.).[35] Erst vor dem Hintergrund der Personalisierungspraktiken der frühen Pop- und Rockkultur konnten sich nachfolgende kulturelle Formationen wie z. B. die elektronische Tanzmusik als ent- bzw. de-personalisiert profilieren (vgl. Jost 2012: 132).

Dass Individuen Musik als die ihrige vertreten, ist sicherlich vor allem der ökonomischen Grundstruktur der populären Musik zuzuschreiben, jedoch steht dahinter auch eine spezifische Praxis des Musikmachens, die durch die Aussicht auf Einschreibung der eigenen Fähigkeiten, Ansichten und Haltungen in das Klanggeschehen geleitet ist. Eine entsprechend popularmusikalisch sozialisierte Hörerschaft weiß nicht nur darum, dass in den Musikstücken eine spezifische individuelle Note zum Tragen kommt, sie erwartet vielmehr die deutliche Markierung einer solchen Note.

In das kollektive (Vor-)Wissen über populäre Musik spielt in nicht minder bedeutender Weise der Aspekt der Standardisierung in der Kleinform Song hinein. Hiermit ist auf den basalen Tatbestand verwiesen, dass der alltagsweltliche ›Normalfall‹ populäre Musik darin besteht, dass an einem bestimmten Ort, zu einer bestimmten Zeit ein Song erklingt bzw. dargeboten wird. Den Song in dieser Weise zentral zu setzen, bedeutet nicht, dass andere Formen, oder besser: materielle Erscheinungsformen, als von geringerer Analyserelevanz zu erachten sind – zu denken wäre beispielsweise an das mediale Format des Albums.

---

34 Peter Wicke spricht von der »Personalisierung von Klang«, die auch – und insbesondere – zu einem konsequenten Erschließen der kommerziellen und künstlerischen Möglichkeiten führte, die die sich stetig vervollkommnende Technologie der Klangaufzeichnung bot (vgl. Wicke 2001: 32).
35 Siehe außerdem Museum Folkwang 2010.

So wäre zu untersuchen, inwieweit am Album spezifisch popularmusikalische Vorstellungen von Form, Sukzessivität und Klanglichkeit greifen – gleiches gilt für das (Rock-)Konzert oder den (Dance-)Track. Dass die Kleinform Song trotz alledem als eine zentrale theoretische und method(olog)ische Bezugsgröße anzusetzen ist, lässt sich darauf zurückführen, dass sie in der heterogenen Medienwirklichkeit popularmusikalischer Wahrnehmungsangebote das einzig einigermaßen konstante originär musikalische Deutungsschema darstellt.

Auf den Song trifft jene materielle Qualität zu, die Luhmann (2004: 100) in Bezug auf Unterhaltungsobjekte als »Sonderrealität der Unterhaltung« kennzeichnet. Diese ›Sonderrealität‹ erzeugt der Song dadurch, dass er bestimmte musikalisch-klangliche Elemente aufeinander bezieht und miteinander verschmilzt, andere hingegen ausschließt. Als musikalische Kleinform wiederum setzt er einen spezifischen Umgang mit musikalischer Sukzessivität voraus. Der Tatbestand der Standardisierung in der Kleinform hat überhaupt erst die Grundlage dafür geschaffen, dass sich im populärkulturellen Spannungsfeld von ästhetischem und sozialem Handeln überhaupt Verständigungsverhältnisse zwischen Produzenten und Rezipienten aufbauen konnten respektive können. Dadurch, dass der popularmusikalisch geschulte Rezipient eine grundlegende Sensibilität für die materielle Erscheinungsform Song, d.h. für die mit ihr einhergehenden Redundanzen und Differenzen besitzt, ist er in der Lage, aus einer wissenden Position heraus zu agieren und das konkrete Musikstück umgehend mit seinen Motivationen und Bedürfnislagen abzugleichen.

An diesen Überlegungen zeigt sich, dass die Standardisierung im Song-Format nicht etwa mit der Herstellung von Einförmigkeit und Wiederholung gleichzusetzen ist. Der Song tritt in ein dichtes Netz an Erwartungshaltungen und Sinnzuschreibungen ein, trotz alledem vermag er Momente bedeutungsvollen Erlebens herzustellen. Folglich sind es mitunter jene klanglichen Ereignisse, die sich auf den ersten Blick nur als Nuancen darstellen, die eine entscheidende Rolle für die Bedeutungskonstitution spielen. Ein tiefergehendes Verständnis für die Klanglichkeit eines Songs aufzubauen, bedeutet demnach, den Song als schieres Klangmaterial, als nach musikalischen Formprinzipien organisierte Reizkonstellation sowie als ästhetischen Ausdruckskomplex ernst zu nehmen (vgl. Jost 2012: 139).

Schließlich werden unsere alltäglichen Erfahrungen mit populärer Musik durch das Vorwissen geprägt, dass das Gehörte und/oder Gesehene stets in ideeller und materieller Hinsicht an bereits existierende (musik)kulturelle Formationen anknüpft. Populäre Musik konstituiert sich in einer Vielfalt von Genres und wird im Zuge der (Trans-)Formation dieser Genres als für bestimmte Zuhörergruppen präferabel kommuniziert. Der Rekurs auf den Genrebegriff soll an dieser Stelle weder dazu dienen, das Gros an aktuell diskutierten Genrerichtungen (respektive die Zusammensetzung von Hörergruppen) zu verifizieren – Genres sind, wie David Brackett (2005: 75) verdeutlicht, ohnehin phantasmatischer Natur – noch die Gesamtheit an tatsächlichen und möglichen Sinnzuschreibungen an populäre Musik theoretisch in den Griff bekommen zu wollen. Was es hervorzuheben gilt, ist die Tatsache, dass die populäre Musikpraxis, wie wir sie insbesondere seit der zweiten Hälfte des 20. Jahrhunderts vorfinden, gekoppelt ist an eine kommunikative Praxis der Etikettierung musikalischer Darbietungen. Produzenten und Rezipienten bewegen sich gleichermaßen in einer metamusikalischen Wirklichkeit der reflexiven Differenzbildung. Dies geht insbesondere auf das Handeln von Musikindustrie und Massenmedien zurück, die verstärkt seit den 1950er Jahren darum bemüht sind, mit Hilfe generischer Begriffskategorien Distinktionsmerkmale zu kommunizieren, um analog zu den Produkten bzw. Sendeangeboten Abnehmerschaften zu konstruieren.[36] Jenseits dieser historischen Tatbestände ist die Einsicht entscheidend, dass sich im Zuge des fortwährenden Entwerfens und Praktizierens (klang)ästhetischer Ideale ein allgemeines Differenzbewusstsein herausgebildet hat, das sich wie eine Art Folienform sowohl über die Produktion als auch die Wahrnehmung von populärer Musik legt. Das bedeutet, dass in all jenem, was man hört oder spielt, die Vergegenwärtigung eines relativ geschlossenen, musikalisch begründeten Sinnkomplexes angelegt ist.

Abschließend sollen die Überlegungen zu den (Vor-)Wissensbeständen der populären Musik zu (musik)analytischen Implikationen überleiten. Hiernach scheint es, als spielte bei der Analyse eines Musikstücks die Frage der Repräsentation eines immateriellen, zeitindifferenten Ordnungssystems von Tönen (vergleichbar etwa der ›langue‹ in der sprachwissenschaftlichen Semantik) nur eine untergeordnete Rolle. Vielmehr sprechen die (Vor-)Wissensbestände dafür, dass sich Analyse insgesamt (popular)musikalischem Handeln zuwenden und entsprechend von den Sinnzuschreibungen ausgehen muss, die zu einer bestimmten Zeit in einer Gesellschaft an musikbezogene Handlungen und ihre medialisierten Formen der Hervorbringung geknüpft sind. So wie in der Rezeptionspraxis selbst ein Rapper in irgendeiner Form an der afroamerikanischen Provenienz seines vokalen Stils oder ein Rock-Gitarrist an den durch diese Musikersparte geprägten musikalischen und gestischen Figuren gemessen wird, muss auch Analyse das Gesamtspektrum der in eine bestimmte geschichtlich-gesellschaft-

---

36 Vgl. Frith (1996: 77 ff.), Wicke (2009: 58 ff.).

liche Konstellation hineinwirkenden medialisierten musikalischen Handlungen als Deutungsrahmen voraussetzen (vgl. Jost 2012: 134).

2.1.4 Bild-Text-Ton-Konfigurationen: Artifizialisierung und Naturalisierung

Als ein Vorläufer audiovisueller Medien können sicherlich die darstellenden Künste bzw. die Primärmedien (etwa das Theater) betrachtet werden, welche in unterschiedlichster Weise mit dem (aus der Alltagserfahrung vertrauten) Verhältnis von Hörbarem und Sichtbarem spielen, so etwa durch Verfremdungen des Seh- und Hörbaren selbst (z. B. Sprechrohre, farbiges Licht etc.), durch Mediendispositive[37] oder durch unmittelbare Illusionsbildungen (etwa die stimmliche Animation unbelebter Figuren im Puppentheater oder die Bauchrednerkunst).[38]

Jedoch erst im Falle technisch-apparativer Medien lässt sich im engeren Sinne von audiovisuellen Medien (im Folgenden kurz: AV-Medien)[39] sprechen und erst angesichts solcher, als synchronisierte Klangbildverläufe (vgl. Keppler 2005b) zu begreifenden Produkte kommt die volle Komplexität der Audiovision zum Tragen, was anhand des folgenden Stufenmodells verdeutlicht werden kann:

a) Entkopplung von A/V durch die Möglichkeit, Ton/Akustisches (Phonographie) respektive Licht/Optisches (Photographie/Kinematographie) separat aufzuzeichnen und damit vorgängig Verschränktes zu entkoppeln (etwa Stummfilm oder Radio);

---

37 Etwa Raumordnungen wie die Trennung von Vorderbühne und backstage, Graben für ein Orchester, Bühnenvorhang oder die sogenannte ›vierte Wand‹ (strikte Trennung von Bühnen- und Zuschauerraum) der ›Guckkastenbühne‹ im Theater, was jeweils spezifische inszenatorische ›Effekte‹ und Illusionsbildungen begünstigt (etwa die Möglichkeit einer tonalen Untermalung der Spielhandlung oder des Einsatzes von Geräuschen oder Stimmen aus dem ›Off‹).

38 Diesem Prinzip der Illusionsbildung bedienen sich – Chion (1994: 7) zufolge – in entsprechend veränderter Form später auch die audiovisuellen Formate, indem sie – etwa durch Off-Kommentare – das Bild ›sprechen‹ lassen: »Thus if the film or TV image seems to ›speak‹ for itself, it is actually a ventriloquist's speech«. Siehe auch Altman's (1980) Beitrag »Moving Lips: Cinema as Ventriloquism«, welcher die klassische These, der Filmsound sei mit Blick auf die Bilder redundant und somit subordiniert, herum dreht und behauptet, der ›Sound‹ agiere in der Art eines Bauchredners (ventriloquist), indem ›er‹ einen ›dummy‹ (das Bild) synchron zu den Worten, die ›er‹ heimlich/verdeckt spricht, bewegt/animiert.

39 Entscheidende Kriterien, die hinzutreten, sind die technische Fixierung (Speichermedien) physikalischer Qualitäten sowie – daraus resultierend – die technische Reproduzierbarkeit des entstandenen Produkts.

b) ›Wiedervereinigung‹ von A/V durch die technische Möglichkeit, Ton und Licht – analog zur natürlichen Wahrnehmung – synchron aufzuzeichnen (etwa durch Lichttonverfahren im Tonfilm);
c) Doppelbewegung von Entkopplung und (Wieder-)Verkopplung[40] (im Film: synchronisierter Ton statt O-Ton), wodurch nicht bloß vorgängig Verschränktes entkoppelt (Wegnahme des O-Tons), sondern zugleich auch vorgängig nicht Verschränktes verkoppelt wird (dem Filmbild wird ein ›Synchronton‹[41] hinzugefügt, das Bild wird ›vertont‹).

Stellt man diese Grundkonstanten, welche AV-Produkte erst konstituieren, in Rechnung, so muss der Ton in AV-Formaten zunächst ganz allgemein als die elektroakustische Wiedergabe mittels Lautsprecher begriffen werden, welche synchron zum Filmbild erfolgt.[42] Dies erzeugt (für den Produzierenden wie Rezipierenden) eine audiovisuelle Grundkonstellation, welche prinzipiell zwischen den Polen des ›O-Tons‹ einerseits (was heute häufig als (künstlerische) Purifizierungsstrategie gelesen wird[43]) sowie der ›Vertonung‹ als nachträgliches Hinzu-

---

40 Chion (1994) weist zurecht auf den Umstand hin, dass das, was uns heute als selbstverständlich erscheint, nämlich die Synchronizität von Bild und Ton in AV-Medien, zu Frühzeiten des Films als ›Sensation‹ gehandelt und um seiner selbst willen aufgeführt wurde: »That sound and image were heard and seen like a couple of perfectly matched dancers was a spectacle in itself. Texts written at the time bear witness to this state of mind. So do the films, especially the musical ones, which exalted synchronism as such, showing violinists or banjo players whose every visual gesture provoked a distinct sound on the soundtrack« (64).
41 Im Gegensatz zur Simultaneität respektive Kontiguität (realweltliche Gleichzeitigkeit) optischer und akustischer Reize bzw. von Höreindruck und Seheindruck in der natürlichen Wahrnehmung rekurrieren die Termini Synchronizität/Synchronisieren/synchron im Falle von AV-Medien auf das technische Herstellen eines Gleichlaufs von Bild- und Tonspur, welcher üblicherweise darauf angelegt ist – in Anlehnung an Erfahrungen aus der ›natürlichen‹ Wahrnehmung –, sinnhaften Gleichklang zu erzeugen (etwa: lippensynchroner Sprechton) und damit als illusionsbildender Effekt das Audiovisionserlebnis erst konstituiert. Der ›Synchronton‹ des Films erzeugt also die Illusion eines ›Simultantons‹. Besonders eindrücklich geschieht dies im Falle der Synchresis (Kofferwort aus Synchronisation und Synthese; vgl. Chion 1994: 63 ff.), bei welcher durch eine punktuelle Synchronisierung von Bild- und Tonereignis auf Produktionsseite eine quasi-zwangsläufige Zusammengehörigkeit (Synthese) von (verursachendem) Bild und (erzeugtem) Ton auf Rezeptionsseite entsteht (etwa die Unterlegung eines punchs mit dem Geräusch eines Baseball-Schlags).
42 Diese Fassung fokussiert die filmophanische Ebene (vgl. Souriau 1997 [1951]) und berücksichtigt damit die illusionsbildende Konstruktivität des AV-Produkts (also vor allem auch die Tatsache der Vertonung) sowie die sich daraus ergebenden gestalterischen Möglichkeiten (ein Beispiel für viele: Die nicht exakt lippensynchrone Vertonung lässt sich etwa als ein verfremdendes Moment einsetzen – eine Gestaltungsmöglichkeit, die im Rahmen medial unvermittelter Darstellungen respektive Rezeptionen ›(körper)technisch‹ kaum möglich ist).
43 Etwa in den sogenannten ›Dogma 95-Filmen‹ (vgl. Schulte-Eversum 2007).

fügen von akustischem Material (d. h. eine Unterlegung des Filmbildes mit nicht synchron mit dem Bild aufgenommenem Ton, also v. a. Soundeffekte, Nachsynchronisation der Dialoge sowie Filmmusik) andererseits changiert.⁴⁴ Dadurch, dass man in der ›natürlichen‹ Wahrnehmung Audio und Vision zwangsläufig simultan wahrnimmt (bzw. prinzipiell simultan wahrnehmen könnte) und dadurch, dass der Tonfilm die technischen Möglichkeiten hat, diesen Vorgang der ›natürlichen‹ Wahrnehmung nachzubilden (ob nun durch synchrone Aufzeichnung oder nachträgliches Zusammenfügen von Audio und Vision) und obwohl man als Zuschauer um diese Manipulationsmöglichkeiten (prinzipiell) weiß, wird das zustande gekommene AV-Produkt als Einheit(liches) wahrgenommen. Dieser sogenannte »audiovisual contract« besteht Chion (1994) zufolge, »when she or he [the audio-spectator – Anm. d. Verf.] considers the elements of sound and image to be participating in one and the same entity or world« (222). Er ist damit nicht nur Grundlage einer ›audiovisuellen Illusion‹ (ebd.: 5), sondern zugleich auch verantwortlich dafür, dass der Ton nicht bloß eine Vertonung des Gesehenen ist (was er häufig tatsächlich aber ist), sondern dem Bild aufgrund dieser Konstellation einen Zusatzwert verleiht. Chion spricht von »added value« (ebd.) und versteht darunter Folgendes: »By added value I mean the expressive and informative value with which a sound enriches a given image so as to create the definite impression […] that this information or expression ›naturally‹ comes from what is seen, and is already contained in the image itself« (ebd.). Diese audiovisuelle Grundkonstellation ist zudem um folgende, ebenfalls grundsätzliche Aspekte zu erweitern, welche in der Analyse audiovisueller Produkte immer mehr oder weniger (abhängig vom jeweiligen Format) in Rechnung zu stellen sind:

---

44 Dass die für Audiovisionen typische Grundkonstellation an spezifische Verschränkungen der jeweiligen Potenziale von O-Tönen und Vertonung gebunden bleibt, macht Chion (1994: 57) am Beispiel von Stille im Film fest: »[…] this zero-degree (or is it?) element of the soundtrack [the silence – Anm. d. Verf.] is certainly not simple to achieve, even on the technical level. You can't just interrupt the auditory flow and stick in a few inches of blank leader. The spectator would have the impression of a technical break […]. Every place has its own unique silence, and it is for this reason that for sound recording on exterior locations, in a studio, or an auditorium, care is taken to record several seconds of the ›silence‹ specific to that place. This ambient silence can be used later if needed behind dialogue, and will create the desired feeling that the space of the action is temporarily silent«. Wie man sieht, kann Stille nicht einfach als Absenz von Ton begriffen werden, sondern erhält ihre Bedeutung erst im Kontrast zum inneren Soundkontext des jeweiligen AV-Produkts. Dies zeigt – wenn auch nur exemplarisch –, dass (und beispielhaft: welche) Verfahren nötig sind, damit ein AV-Produkt auf der filmophanischen Ebene seine Wirkungen (hier: illusionistische) entfalten kann.

a) ›Realitätsstatus‹ des Tons.⁴⁵ Mit Blick auf narrative Formate kann der Ton – Chion (1994: 66 ff.) zufolge – diegetisch⁴⁶ (Teil der Spielhandlung, prototypisch: Figurendialoge und durch Spielaktivitäten verursachte Geräusche bzw. sogenannte screen music), non-diegetisch (prototypisch: Filmmusik bzw. pit music) oder beides in Überlagerung (etwa Figurendialog und Filmmusik) sein. Diegetischer Sound kann zudem on-screen (visualisiert) oder off-screen (acousmatisch) angelegt sein.⁴⁷ Musik stellt einen Sonderfall dar: Sie kann in ihren Varianten diegetisch/non-diegetisch als pit music und screen music (als in der Diegese live oder technisch erzeugte) mit größerer Leichtigkeit überlagert (etwa diegetisches Pianospiel und orchestrale Untermalung) und wechselseitig ineinander überführt werden (etwas beginnt als in der Diegese erzeugte Musik und mutiert zur Filmmusik und vice versa) als Geräusche und Sprache, bis zu dem Fall, dass die Musik zwischen den beiden Ebenen frei zirkuliert. Musik ist daher insgesamt ›elastischer‹ und kann flexibler eingesetzt werden.⁴⁸

b) Eigenständigkeit des Tons. Innerhalb audiovisueller Produkte kann der Ton mehr oder weniger eigenständig sein. Beim Film wird der Ton – dies ließ sich den Überlegungen Chions oben entnehmen – im Rahmen des Bildes wahrgenommen. Geräusche werden typischerweise kausal, Dialoge semantisch und klassische Filmmusik als begleitend wahrgenommen; letzterer kommt in diesem Szenario eine hintergründige Untermalungsfunktion zu. Dieses Verhältnis verschiebt sich etwa in non-fiktionalen televisionären Informationsformaten (etwa Nachrichten oder Dokumentationen), wo gesprochene Sprache (etwa in Talkshows oder Interviews) und Off-Kommentare (etwa in Sportreportagen) sich vom Bild ›emanzipieren‹ und sich ›verselbstständigen‹ bzw. umgekehrt das Bild zu Illustrations- und Dekorationszwecken eingesetzt wird und somit nicht mehr Zentrum und Träger einer Narration ist.⁴⁹ Ganz anders wiederum scheint dieses Verhältnis in Musikvideos zu sein, wo

---

45 Die Perspektive ist hier keine produktionstechnische (›profilmische‹), sondern eine, die aus der ›Realität‹ der fiktionalen Welt heraus beobachtet (also eine ›diegetische‹), so dass die tatsächliche Herkunft des Tons zugunsten seines Status in der fiktionalen Welt ausgeblendet wird (so können diegetische Musik und nicht-diegetische Filmmusik durch die gleichen Produktionsverfahren entstanden sein, ohne dass dies etwas an ihrem Realitätsstatus in der fiktionalen Welt änderte, welcher allein durch die Gestaltung auf der Ebene des Dargestellten zustande kommt).
46 Siehe hierzu Souriau (1997 [1951]) und Genette (1998).
47 Zu Misch- und Sonderfällen wie etwa durch technische Geräte erzeugtem Ton in der Diegese oder ›innerer Stimmen‹ siehe Chion (1994: 71 ff.).
48 Vgl. Chion (1994: 81).
49 Vgl. hierzu Chion (1994: 157 ff.).

die Musik eine primäre und das gesamte Format wie auch das Bild strukturierende Funktion übernimmt. In diesem Fall wird das durch die Filmwahrnehmung geprägte Verhältnis von Audio und Vision *invertiert:* Die Bilder werden nun im Rahmen der Musik wahrgenommen.⁵⁰

c) ›Synästhesie‹. Folgt man Rösing (2003), dessen Ziel es ist, aufzuzeigen, dass Musikerleben immer auch eine visuelle Komponente hat, dann ist zu berücksichtigen, »dass menschliche Wahrnehmung generell auf der Komplementarität von Auge und Ohr beruht, d. h. intermodal angelegt ist« (10). Bei monomodaler Wahrnehmung und damit einer Trennung der Sinne führt dies dazu, dass die (etwa rein akustische) Perzeption (z. B. von Musik) zugleich visuell verankerte Prozesse auslöst, etwa parallele imaginative und/oder inferentielle Bewusstseinsprozesse willkürlicher und unwillkürlicher Natur evoziert (z. B. ein mentales Bild der Musiker, Schließen auf die Quelle der Musik, Assoziationen mit Farben u. Ä.). Bleibt man bei der Wahrnehmung von Musik, bedeutet dies, dass »Wahrnehmung [...] nur in besonderen Fällen ausschließlich akustisch oder optisch ausgerichtet [ist]. Üblicherweise kommt es zur Konvergenz der Sinne und zu einer intermodalen Zusammenschau. Das führt nahezu zwangsläufig zur Theorie der audiovisuellen Musikwahrnehmung« (ebd.: 13). Dieses, auch als ›normale‹ bzw. ›abgeleitete‹ Form der Synästhesie⁵¹ begriffene Phänomen (vgl. Filk und Lommel 2004) erfährt eine Komplexitätssteigerung im Falle ko- bzw. multimodaler Wahrnehmung (also dem alltäglichen ›Normalfall‹), da sich nun Perzeptionen, Inferenzprozesse und Imaginationen wechselseitig verschränken und informieren, um schließlich durch kognitive Prozesse zu einer ›Gesamtwahrnehmung‹ synthetisiert zu werden. An diesem Grundtatbestand menschlicher Sinnestätigkeit setzen audiovisuelle Medienprodukte an: »Mediensynästhesien werden überhaupt erst möglich durch die Sinnesfusionen ›normaler‹ Synästhesie« (ebd.: 13), d. h. dadurch, dass »in jeder spezifischen Sinneswahrnehmung die Gesamtheit der übrigen Sinne mit[wirkt] (Wulf 1984: 21, zitiert nach ebd.: 14). Zu einer Erweiterung kommt es – wie oben bereits angedeutet – durch die medial bedingte Wiederverkopplung (reassociation) von Audio und Vision: »Wenn ein Medium [...] zwei Sinneskanäle adressiert – Hören und Sehen –,

---

50 Vgl. hierzu Jost et al. (2010: 471 ff.).
51 Unter der sogenannten ›genuinen‹ bzw. angeborenen Synästhesie versteht man dagegen die »Verknüpfung von Sinneswahrnehmungen«, d. h. dass »durch die Stimulierung einer Sinnesqualität (z. B. hören, sehen, riechen) unwillkürlich eine oder mehrere andere Sinnesqualitäten wahrgenommen [werden]« (Filk und Lommel 2004: 10).

ergeben sich komplexe intermodale Wechselbeziehungen, d. h. hörbare Bilder und sichtbare Töne, die einen ›ästhetischen Zusatzwert‹ generieren« (ebd.).

Der ›Normalfall‹ audiovisueller Wahrnehmung ist – das Obige zusammengenommen – ein hochkomplexer Vorgang, welcher immer auf Erfahrungen der natürlichen Wahrnehmung zurückgreift, im Rahmen der Herstellung und Vorführung von AV-Medienprodukten vielfältiger apparativ-technisch erzeugter Manipulationen und Illusionsbildungen ausgesetzt ist sowie auf Wahrnehmungsseite intermodale und synästhetische Qualitäten aufweist. Aufgrund dieser Komplexitäten bestehen innerhalb audiovisueller Formate vielfältige Verfahren und Rezeptionsweisen, Hör- und Sichtbares im Sinne einer Bild-Text-Ton-Konfiguration miteinander zu verbinden und aufeinander zu beziehen.

Ein zentrales audiovisuelles Inszenierungsprinzip in Musikvideos, vor dessen Hintergrund sich weitere videospezifische Inszenierungsformen herausbilden konnten, ist die musikalische Performance. Durch den Rekurs auf den Akt der Klangerzeugung bzw. die musikalische Aufführungspraxis, also unter Rückgriff auf eine durch die Alltagserfahrung vermittelte (soziale) Handlung, erhält die Bildebene Kohärenz (vgl. Wulff 1999b). Die soziale Handlung Musik-Performance ist mit Blick auf das dem Clip zugrunde liegende Primärprodukt, nämlich den Popsong (als ›Werk‹) bzw. den Tonträger (als Speichermedium) bzw. die Schallaufzeichnung (als technisch-apparativer Speicherprozess), allerdings weder sichtbar noch rückholbar und das aus drei Gründen: Erstens, weil die realweltliche Klangerzeugung bzw. Aufführung als einmaliges Ereignis unwiederbringlich Vergangenheit geworden ist (Flüchtigkeit); zweitens bleibt die aufgezeichnete Musik immer dieselbe, kann also nicht Resultat einer zukunftsoffenen (sozialen) Handlung im Hier und Jetzt sein (Reproduzierbarkeit)[52]; und drittens wird Akustisches und Visuelles qua Speichermedium zeitlich und räumlich entkoppelt (Effekt der Phonographie).[53] Dennoch ist die musikalische Auf-

---

52 Sie bedarf daher als phonographische Musik zunächst keiner Interpretation (sondern nur des Drückens einer Play-Taste), ganz im Gegensatz zur Aufführung von Kunstmusik, welche immer als Interpretation eines Werks begriffen wird (vgl. Helms 2003b).
53 Dies fundiert die sogenannte acousmatische Erfahrung (vgl. Großmann 1998: 110) bzw. die acousmatischen Sounds. Chion (1994: 71) fasst diese (unter Rekurs auf Pierre Schaeffer) als »sounds one hears without seeing their originating cause« und versteht die betreffenden Medien als »acousmatic media«, das sind »all which transmit sounds without showing their emitter« (ebd.). Visualisierung respektive ›Acousmatisierung‹ begreift Chion als (In-)Visibilisierung der Klangquelle. Dies geschieht im Musikvideo, wenn die Darstellung zwischen Performance und Nicht-Performance hin- und herwechselt (allerdings auch im Falle der Performance auf simulativer Ebene; s. u.).

führungspraxis sehr wohl imaginierbar oder – stärker formuliert – wird durch Musik und insbesondere die populäre Musik, welche erst in und durch Aufführungspraxen ›lebt‹, imaginativ auch forciert.[54] Grundlage hierfür sind in und durch Alltagserfahrungen (Welt- und Sozialitätsidealisierungen) fundierte ›Normal- bzw. Ursprungsformen‹[55] realweltlicher Musikaufführungen, welche als rezeptionslenkendes Hintergrundwissen der audiovisuellen Wahrnehmung von Medienprodukten fungieren und im Falle von Musikvideos die Form annehmen, dass a) gehörte Musik durch Musiker erzeugt wird (Musik wird bewirkt; Kausalität/Notwendigkeit) und b) diese Musik typischerweise in der Lage ist, musikrezeptionstypisches Anschlussverhalten (etwa Tanz) hervorzubringen (Musik bewirkt etwas; Möglichkeit/Wahrscheinlichkeit/Typikalität). Hieraus ergibt sich ein für die Konstitution des Musikvideos wesentlicher Effekt: Musik als Klangereignis lässt als Bewirktes Bilder ihrer Erzeugung respektive Aufführung (Performance) und als Bewirkendes Bilder typischen Rezeptionsverhaltens (etwa Tanz, konzeptionell: Choreographie) ›natürlich‹ bzw. ›tonaffin‹ erscheinen (siehe Abb. 2.1 und 2.2), so dass aufgrund der aus der natürlichen Wahrnehmung herrührenden Erfahrung visualisierte klangerzeugende Ereignisse kausal interpretiert (also gewissermaßen ›naturalisiert‹) werden und daher die visuelle Komponente Musik-Performance im Musikvideo simulativ musikerzeugend eingesetzt wird. Mit anderen Worten: Durch die Darstellung einer Musik-Performance im Clip entsteht der Eindruck, es handle sich um eine Dokumentation der Aufführungspraxis bzw. gar um eine (zumindest das akustische) Medium erzeugende Handlungswiedergabe. Oder um mit Helms zu sprechen: »Das Video gibt vor [...], Musik-Machen beobachtbar zu machen.«[56] All dies steht

---

54 Rösing (2003) unterscheidet systematisch verschiedene Möglichkeiten audiovisueller Musik-Wahrnehmung respektive verschiedene Formen der Verkopplung von Auditivem und Visuellem im Rahmen von Musikrezeption, welche bei der natürlichen Einheit musikerzeugender Praxis ihren Ausgang nimmt (Konzert), unterschiedliche Stufen der Imagination durchläuft, um schließlich bei ›realen‹ (also nicht bloß imaginierten) Visualisierungen a) im Zuge der Entkopplung von Original-Ton und visueller Wahrnehmung (etwa Reisemusik), b) im Rahmen von Primärmedien (Bühnenmusik wie im Falle von Ballett, Oper etc.) sowie c) im Rahmen audiovisueller Produkte (Film, Musikvideo) anzukommen.
55 Vgl. hierzu Großmann (1998: 109).
56 Helms (2003a) folgend lässt sich zeigen, dass Musikvideos wie Handlungswiedergaben wirken. Denn: Durch die Simulation einer Musik-Performance, die gerade aufgezeichnet wird (erste Simulationsebene), entsteht der Eindruck, dass diese Performancehandlung zugleich auch das Medium selbst, also den Clip, erzeugt (zweite Simulationsebene). Obwohl beides – sowohl die den Clip erzeugenden Handlungen (also die Kamerahandlungen des ›korporierten Regisseurs‹ i. S. v. Reichertz (1992, 2005)) als auch die Materialität des Mediums (Magnetband, Datei, Übertragung etc.) – visuell nicht zugänglich ist. Der Eindruck einer Handlungswiedergabe wird

Musikvideos als strukturelles Potenzial der Bedeutungsgenerierung prinzipiell zur Verfügung und kommt umso stärker zur Geltung, je mehr und ›natürlicher‹ (respektive unartifizieller) ein Clip mit Performance- respektive Choreographie-Anteilen arbeitet.[57]

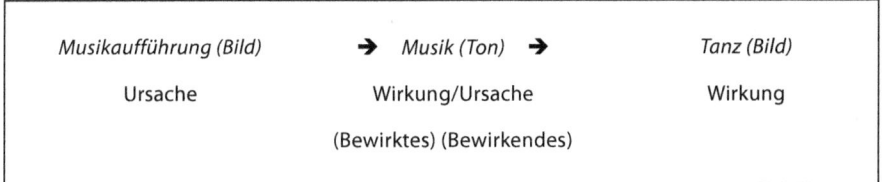

Abbildung 2.1 Musik als Bewirkendes und Bewirktes

Wählt der Clip allerdings als visuelle Darstellungsinhalte weder Performance noch Tanz und hält zudem die visuelle Binnenstruktur ungegenständlich und non-narrativ (also etwa im Falle von Graphiken), so entsteht der Eindruck eines invertierten Bild-Ton-Verhältnisses.[58]

Dieses kommt – grob gesprochen – dadurch zustande, dass die natürliche Wahrnehmungseinheit der Musikaufführung aufgelöst und die dadurch entstehende ›visuelle Leerstelle‹ mit zunächst ›tonfremd‹ erscheinenden Bildern aufgefüllt wird (vgl. Großmann 1998: 110), welche sich mehr oder weniger weit von der (imaginierbaren) ›natürlichen‹ Wahrnehmungssituation Musik erzeugender

---

durch einen weiteren, technischen (Zwischen-)Schritt der Medienentwicklung fundiert: Während Phonographie und Photographie das Akustische und Visuelle trennten, isolierten und in Daten unterschiedlicher Physikalität zerlegten (vgl. Kittler 1999), überwand der Tonfilm durch entsprechende optoelektrische Verfahren (Lichtton) diese Trennung wieder. Auf diese Weise wurden Aufnahmen möglich, die sowohl das Akustische als auch das Visuelle einer ›realen‹ Situation synchron fixierten, kurz: Aufzeichnungen im Sinne von Dokumentationen *(footage)*. Diese neuerliche mediale ›Normalität‹ (Film und Fernsehen) macht sich das Musikvideo zunutze, um sie seinerseits wieder zu verfremden.

57 Dass Performance in Musikvideos unterschiedlichen Graden der Verfremdung unterliegen und dieses Kriterium als systematischer Ausgangspunkt einer Typologisierung von Musikvideos gelten kann, hebt insbesondere Altrogge (2001a–c) hervor.
58 In besonders radikaler Form gilt dies im Rahmen oszilloskopischer Anordnungen, da das Visuelle in diesem Fall eine technisch-physikalische Transformation des Tons darstellt, also im Peirce'schen Sinn als indexikalisches Zeichen zu verstehen wäre, wodurch das Bild nicht bloß so wirkt, als sei es vom Ton hervorgebracht, sondern es in einem physikalischen Sinn auch tatsächlich ist.

Musiker entfernen (weit: Konzeptclip; nah: Performance-Clip) und aufgrund der simultanen Darbietung im Audiovisuellen zwangsläufig auf die Musik bezogen werden: Da das Visuelle nun nicht mehr den Ton zu erzeugen scheint (der musizierende Musiker ist verschwunden) und auch nicht mehr als typische Folge der Musik gelesen werden kann (es tanzt auch niemand), scheint nun in Ermangelung einer ›natürlichen Erklärung‹ in umgekehrter Weise der Ton das Bild hervorzubringen. Aufgrund dessen sind Musikvideos in besonderer Weise in der Lage, mit (populärkulturellen) Versatzstücken[59] zu arbeiten, also sinnhafte Zusammenhänge bloß fragmentarisch anzudeuten und assoziativ zu verketten, da solche als zunächst ›tonfremd‹ wahrgenommenen Bilder eben unter der ästhetischen Prämisse der Inversion ›gelesen‹ werden.[60] Diese Merkmale der Zitativität, Assoziativität und Inversion mach(t)en das Musikvideo zu einem Paradefall der sich etwa zur gleichen Zeit (1980er Jahre) etablierenden Intermedialitätsforschung.

Versucht man nun vor diesem Hintergrund, Musikclips mit Blick auf gängige Intermedialitätssystematiken[61] zu verorten, so lässt sich zeigen, dass – neben vielen anderen möglichen Berührungspunkten – eine für systematische Zwecke besonders bedeutsame strukturelle Eigenheit des Musikvideos ins Auge sticht, nämlich: Die prototypisch als intermedial begriffenen Phänomene im Clip entstehen vornehmlich im Verhältnis Bild-Ton (= AV)[62], welches jedoch seinerseits auf einem basaleren, intermedialen Verhältnis der Tonspur selbst beruht, nämlich dem Verhältnis von Sprache und Musik in der musikalischen Performance.

---

59 Etwa Zeitungsbilder, Portraits/Konterfeis, Bildikonen, konventionalisierte Bildfolgen, popmusikalische Aufführungen als eingestreute Sinnfragmente.

60 Die meisten Clips zeigen durch Performance- und Choreographieanteile auch, was näher läge bzw. ›natürlicher‹ wäre und etablieren damit einen archimedischen Punkt, wodurch ›tonfremde‹ Bilder als ›Abweichungen‹ von einem Idealtypus (im Weber'schen Sinn) markiert werden.

61 Verwendet wurden hier v. a. die Arbeiten von Rajewsky (2002), Schröter (1998) und Leschke (2007).

62 Ausgeblendet bleibt hier die Materialität des jeweiligen Trägermediums (also: Filmstreifen vs. Magnetband vs. Datei) bzw. die technisch-apparative Ebene (also: Filmkamera/-projektor vs. Videokamera/-player/Bildschirm vs. digitale Kamera/Monitor), damit auch die (technische und perzeptive) Spezifik des generierten Bildes (Leinwandbild vs. Monitorbild) sowie die entsprechenden Mediensysteme (Kinematographie, Video, digitaler Film). Dies geschieht trotz des Umstands, dass gerade die Mediendifferenz Film – Video als typisch für die Gattung Videoclip erachtet wurde (vgl. etwa Kerscher und Richard 2003), da diese Differenz als Abgrenzungskriterium wohl für die Anfänge des Genres, nicht aber für heutige Produktionen geeignet ist. Entsprechend wurde die Bezeichnung ›Video*clip*‹ respektive ›*Musik*video‹ – einem Vorschlag von Jacke (2003) folgend – um die Bezeichnung ›Musikclip‹ ergänzt. Die vorliegende Betrachtung beschränkt sich auf die durch Apparate generierte Oberfläche (Bildschirm), d. h. auf das Produkt als kommunikativ-semiotisches Phänomen.

Dass diese für Musikvideos grundlegende Beobachtung plausibel und für das vorliegende Thema relevant ist, lässt sich mit Blick auf einschlägige Erkenntnisse der Intermedialitätsforschung wie folgt zeigen:

Erstens lässt sich unschwer erkennen, dass Musikvideos zum einen plurimediale Phänomene sind, d. h. – der Systematik Rajewskys (2002) folgend – konventionell als distinkt wahrgenommene Medien sind, die mehrere Zeichensysteme involvieren; aber zum anderen aufgrund ihrer – historisch betrachtet – relativen Neuartigkeit ebenso gut als intermediale Phänomene im Sinne einer Medienkombination begriffen werden können, d. h. als Verschränkung mehrerer Medien und/oder Symbolsysteme (also etwa Musik und Filmbild oder Bildlichkeit und Oralität), welche allesamt im Endprodukt material präsent sind.

Zweitens lässt sich engführend auf das AV-Verhältnis unschwer zeigen, dass oben angedeutete Strukturmerkmale des Musikvideos Korrespondenzen mit gängigen Konzepten und Subdimensionen von Intermedialität aufweisen. Dies sei hier nur angedeutet:

- Das Merkmal der Zitativität korrespondiert mit dem Konzept der intermedialen Bezugnahmen[63], verstanden als Rekurse auf altermediale Produkte und/oder semiotische Systeme, wobei letztere im kontaktnehmenden Medium material nicht präsent sind.[64]
- Transmedialität, verstanden als die Wanderung medienunspezifischer Phänomene, lässt sich am Merkmal der Assoziativität festmachen, da das Musikvideo hier auf formalästhetische Gestaltungstraditionen und -prinzipien insbesondere des frühen Avantgardefilms (etwa Collage, Rhythmus als ge-

---

63 Die Idee der intermedialen Bezugnahme nimmt ihren Ausgang beim Konzept der Intertextualität (siehe zusammenfassend Fix 2000) bzw. Transtextualität (nach Genette 2004) und erweitert diese um den Aspekt der Mediendifferenz im Falle der Inter*medialität* im Vergleich zur Inter*textualität:* Während im Falle der Inter*textualität* keine Mediengrenzen überschritten werden (Bezug von Literatur auf Literatur, von Text auf Text), kann sie aus der Perspektive der *Inter*medialität, für welche die Überschreitung von Mediengrenzen konstitutiv ist (etwa Bezug von Literatur auf Film), als ein (bedeutsamer) Fall von *Intra*medialität (Bezugnahmen innerhalb eines Mediums) gelten.

64 Mit Spielmann (1998) lassen sich solche Bezugnahmen etwa am Beispiel des Films zeigen, welcher auf die Malerei dergestalt rekurrieren kann, dass Gemälde im Film zu sehen sind oder aber die Bildgestaltung der Malerei (bzw. des Tafelbildes) formale Prinzipien (etwa eine zentripetale Art der Kadrierung oder eine an zentralperspektivischen Idealen orientierte Kameraführung) entlehnt, ohne dass der Film in einem ontologischen bzw. substanziellen Sinn Malerei sein könnte, da er – was die medial-materiale Basis anbelangt – auf die Fixierung von Lichtverhältnissen auf Zelloid und deren Projektion angewiesen ist und die Mittel der Malerei – Leinwand und Farbe – daher nur simulieren, nicht aber tatsächlich verwenden kann.

meinsame Grundlage von Auditivem und Visuellem, Sichtbarmachung von Sound) zurückgreift.[65]
- Das – im Vergleich zur Filmmusik – invertierte Bild-Ton-Verhältnis schließlich verweist auf einen intermedialen Produkten häufig zugeschriebenen Effekt, nämlich jenen der Synästhesie. Hiermit ist das bereits oben angedeutete Phänomen gemeint, dass Musikvideos den Eindruck eines Hörens von Bildern vermitteln bzw. von Bildern, die musikalisch-klangliche Qualitäten zu haben scheinen.[66]

Der entscheidende Punkt ist nun drittens, dass Musikvideos häufig auf obige, weil hervorstechende und auffällige, pluri- bzw. intermediale Merkmale reduziert werden und dabei das primäre und tiefer greifende Verhältnis von Sprache und Musik übersehen wird. Stärker formuliert: Erst diese asymmetrische Verschachtelung von Symbolsystemen im Musikvideo vermag jene intermedialen Verhältnisse, jene Ästhetik hervorzubringen, für die der Clip sprichwörtlich geworden ist (›Clipästhetik‹) (siehe Abb. 2.2).

Daher gilt es allgemein, im Bereich von Musikvideoforschung den Audio-Bereich fokal zu setzen, also die Tonspur, da diese produktionsästhetisch primär ist und – mit Blick auf Semiose-Prozesse – aus oben genannten Gründen ›natürlicher‹ wirkt. Umgekehrt ist es gerade deshalb auch jener Bereich, der schwieriger ›auseinander zu dividieren‹ (also zu analysieren) ist, der in Clipanalysen häufig stillschweigend vorausgesetzt wird und dessen intermediale Bedeutungspotenziale aufgrund dessen vernachlässigt respektive gar nicht erst analytisch fruchtbar gemacht werden.

---

65 Vgl. hierzu Bódy und Weibel (1987), Deutsches Filmmuseum Frankfurt (1993) sowie Paech (1994).
66 Zu verstehen ist dies im Sinne einer Farblichtmusik, d.h. einer Verkopplung auf der Ebene der technischen Signale und nicht der Symbole (vgl. Großmann 1998: 111), welche entweder auf subjektiver, synästhetischer Intuition (prominentestes Beispiel: das Farbenklavier des russischen Komponisten Alexander Skrjabin) oder auf objektiver, physikalischer Transformation (etwa im Falle des Optophons (Hausmann, 1922)) beruhen kann. Insbesondere die Arbeiten des Experimentalfilmers Oscar Fischinger – so Großmann (1998) – legen Zeugnis vom Versuch ab, die Grenzen von Ton- und Bildkanal zu überwinden (seine »Ton-Ornamente« (1932) etwa versuchen dies gewissermaßen physisch, da sie eine Visualisierung der Tonspureinschreibungen im Tonfilmstreifen, also innerhalb einer mit Lichttonverfahren arbeitenden Filmkamera darstellen). Musikvideos folgen grosso modo eher ersterem Prinzip, wobei der synästhetische Eindruck die Suche sowohl nach formalen (etwa Cut-Rhythmus-Korrespondenzen) als auch semantischen (etwa Songtext-Bild-Relationen in Form von Illustrationen) Konnexen evoziert.

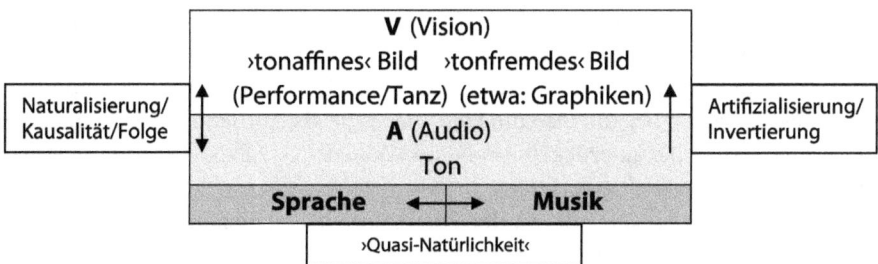

Abbildung 2.2 Asymmetrische Verschachtelung der Symbolebenen und Bild-Ton-Verhältnisse im Musikvideo

2.2 Medienproduktion, Ökonomizität und Distributionsstrukturen

Eine Ende der 1970er Jahre einsetzende Revolutionierung der Produktions- und Reproduktionstechnologien in der Musikbranche stellte die materielle Basis, die Hardware, für die Umsetzung neuer Ideen zur Verfügung: Mit Hilfe von Drumcomputern, Synthesizern und Sequencern konnten künstliche Sounds erzeugt, gespeichert und beliebig oft wieder abgerufen werden. Durch Computer-Sampling war es nun möglich geworden, ganze Stücke zu komponieren, ohne selbst je ein entsprechendes Instrument bemüht haben zu müssen. Versierte Musiker verliehen nunmehr ihr handwerkliches Geschick, um für die Retorte Sounds zu produzieren, die künftig dazu eingesetzt werden konnten, neue Songs zu sampeln. Die Umwälzungen im Bereich der Produktion veränderten das traditionelle Konzept der Live-Performance: Reproduktionstechnologien hielten Einzug in die ›Live-Acts‹ der Pop- und Rockmusik allein schon deshalb, weil sich die technisch aufwendig produzierten Songs einer Live-Präsentation im herkömmlichen Sinne sperrten. Konzertbesucher der frühen 1980er begannen sich daran zu gewöhnen, dass die bei Bühnenauftritten erzeugte Musik unterschiedlichsten Quellen entstammte und dass deshalb die Band, die sie live sahen, nicht unbedingt in dem Sinne live spielte, dass Sounds mittels herkömmlicher Musikinstrumente aktuell erzeugt wurden.

Die Grenzauflösung zwischen künstlicher und Live-Performance und ein damit verbundenes »displacement of the musician« (Goodwin 1992: 32) bewirkten eine Relativierung auditiver bei gleichzeitiger Aufwertung visueller Qualitäten der Musik: Mehr und mehr bedeutete ›live‹ aufzutreten, weniger aktuell Musik zu erzeugen, als vielmehr eine dem jeweiligen Starimage angemessene Show zu inszenieren. Je mehr populäre Musik sich im Laufe der 1980er Jahre als visuelles Gesamtkunstwerk präsentierte, desto mehr verschob sich die Rolle des Pop- und Rock-Interpreten vom Musiker zum Performer. Hand in Hand mit technologischen Neuerungen begann also die Live-Ideologie als Authentizitätsprädikat des traditionellen Rocks zu bröckeln und eine Welle der Artifizialisierung die Werte der Rock- und Popwelt zu erfassen.

Insbesondere Künstler der in der Post-Punk-Ära gediehenen Stilrichtungen des New Wave oder New Pop definierten sich selbst und ihr Schaffen weniger als Musik bzw. als ›Musikmachen‹ denn als popkulturelle Arrangements. Lippensynchrones Singen und die Selbstpräsentation zur Musik wurden zum integralen Bestandteil der Pop-Performance und bereiteten damit den Boden für den Videoclip als *der* popkulturellen Ausdrucksform der kommenden Jahre. Den im Zuge dieser Strömungen entstandenen Popclips mangelte es allerdings an geeigneten Foren, da das traditionelle Broadcast-TV keine regelmäßigen Programmplätze anbot, in denen solche Clips hätten gezeigt werden können. Die im Folgenden zu erörternde Entstehung geeigneter Distributionsstrukturen kann als weitere notwendige Bedingung für die Entwicklung eines Musikfernsehens gelten.

Erst mit der Entstehung des Kabel- und Satellitenfernsehens in den USA Ende der 1970er Jahre wurde der Raum für Spartenkanäle im Stile von MTV geschaffen (vgl. Frith 1988a). Herkömmliche Sender funktionierten nach der Devise: Je breiter das Programmangebot, desto größer die potenzielle Zuschauerschaft, desto höher die Werbeeinnahmen. Spartenkanäle dagegen setzten auf eine Kombination aus Narrowcasting (spezialisiertes Programmangebot) und Globalcasting (Erreichen eines ›Weltpublikums‹). Zur werbestrategischen Zauberformel avancierte das Schlagwort der Zielgruppenspezifität: Man war nun in der Lage, ein relativ enges Bevölkerungssegment nahezu weltweit zu erreichen. Die Zielgruppe der Jugendlichen – bisheriges Stiefkind der televisionären Werbekommunikation – rückte mit dem Emporkommen der Spartenkanäle in greifbare Nähe.[67] Neben der Entstehung eines lukrativen TV-Jugendmarktes stieß das aufkommende Kabel- und Satellitenfernsehen eine weitere Entwicklung an, die für die Genese MTVs entscheidend sein sollte: Mit der explosionsartigen Vermehrung von Fernsehsendern wuchs das Bedürfnis nach preiswerteren Programmformaten (vgl. Goodwin 1992: 37f.). Da sich Werbeeinnahmen – als

---

67 Dies dokumentierte MTV beispielsweise durch seine Selbstinszenierungspraxis in der Werbekommunikation: »MTV – Jugend ohne Streuverluste« (MTV Werbeprospekt 1998a; siehe auch MTV Werbeprospekt 1998b).

nahezu ausschließliche Einnahmequelle kommerzieller Sender – nach Einschaltquoten bemessen und der Zuwachs an Sendern eine Fragmentierung des TV-Marktes, damit also sinkende Einschaltquoten, bedeutete, waren die Sender gezwungen, entweder durch Einwerbung von Spots ihre Einnahmen zu erhöhen oder durch die Verbilligung ihrer Programmproduktion ihre Ausgaben zu verringern. Weil die Werbeminute nicht proportional zum durchschnittlichen Zuwachs an Sendezeit verteuert werden konnte, mussten die Sender versucht sein, die durchschnittlichen Kosten für das Programm zu senken. Sinkende Qualitätsstandards und Recycling-Strategien waren eine Lösung. Das MTV-Format bot eine bessere: Werbung und Programm im ›Doppelpack‹ garantierten qualitativ hochwertiges Programm zum Nulltarif. Dass der Impuls, einen Musiksender zu gründen, weniger aus der Musik- als vielmehr aus der Fernsehindustrie kam, zeigen die Umstände der Entstehung MTVs: Unter der Prämisse, einen dritten und kostengünstigen Sender in der TV-Branche zu etablieren, wurde die Entwicklung MTVs einer auf Kabel- und Satellitenprogramme spezialisierten Tochterfirma des Warner Amex-Konzerns übertragen.

Als Geburtshelfer des Musikfernsehens erwiesen sich ebenso Umwälzungen in der Musikindustrie. Seit der Kommerzialisierung von Rockmusik in den 1950er Jahren galt der Verkauf von Tonträgern als sicheres Geschäft. Umso unvorbereiteter und härter traf die Rezession Ende der 1970er Jahre die erfolgsverwöhnte Musikbranche: Die Umsätze verkaufter Tonträger fielen in den USA von 726.2 Mio. (1978) auf 575.6 Mio. (1982) und die Bruttoeinnahmen sanken im gleichen Zeitraum von 4.31 Mrd. auf 3.59 Mrd. (vgl. Banks 1996: 31; Frith 1988b: 92 f.). Neben vielerlei kontrovers diskutierter Ursachen (Home-Taping, Mangel an Stars, Konkurrenz durch die wachsende Anzahl alternativer Medienprodukte, rezessive Wirtschaft etc.) war eines Konsens: Die Musikindustrie brauchte effektivere Formen der Produktwerbung. Konzerttourneen und das Radio als vormals einzige Formen der Promotion von populärer Musik hatten sich als zu kostenintensiv, schwerfällig, konservativ und in der Reichweite als zu begrenzt erwiesen. Hand in Hand mit popkulturellen Wandlungsprozessen (siehe oben) bot MTV ein neues, effektiveres Werbemedium: das Musikvideo. Dieses knüpft zwar an die Idee der Live-Performance von populärer Musik (d. h. ihrer prinzipiellen Aufführbarkeit) an, stilisiert und artifizialisiert jedoch den Auftritt des Künstlers zu Werbezwecken: Die Inszenierung des Künstlers im Clip ist Auftritt und Werbung zugleich, ist »performance-as-promotion« (Goodwin 1992: 25). Damit ist eine Waren- und Werbeform geschaffen, die das Produkt ›Popmusik‹ nicht nur synästhetisch erweitert, sondern auch in weitaus höherem Maße manipulierbar, reproduzierbar und distribuierbar macht. Das kommerzielle Musikvideo garantierte somit eine kostengünstige (im Vergleich zu Tourneen) und reichweitenintensive (durch die Verbreitung via TV), vernetzte und integrierte (Visualisierung schafft ein größeres Potenzial für Strategien der Cross-Media-Promotion[68]) sowie kontrollierbare (aufgrund höherer vertikaler Integration) Form der Promotion von Musik. MTV avancierte nicht nur zum Retter einer angeschlagenen Tonträgerindustrie, sondern erwies sich darüber hinaus als ein Medium, das mit den Tendenzen des Strukturwandels innerhalb einer wieder erstarkten Musikindustrie perfekt harmonierte. So lässt sich das Emporkommen eines Musikfernsehens erstens als eine Antwort auf die Profitabilitätskrise der Musikbranche und der damit einhergehenden Verschiebung von Einnahmequellen begreifen: Die Plattenindustrie trat im Laufe der 1980er Jahre zusehends als Rechtehändler (Right Exploiter) und weniger als Warenproduzent in Erscheinung, d.h., Kapital wurde mehr und mehr daraus geschlagen, dass Songs, Videoclips und Stars als Werbemedien für andere Produkte eingesetzt wurden (vgl. Frith 1988b: 93 ff.; Goodwin 1992: 39). Deutlichstes Indiz für die Tendenz, in erster Linie Fernsehunterhaltung statt Musik zu verkaufen (vgl. Frith 1988b: 92 ff.), ist, dass die Plattenindustrie Mitte der 1980er Jahre Lizenzgebühren für die Ausstrahlung von Musikvideos institutionalisierte. In engem Zusammenhang hiermit steht zweitens, dass Popkarrieren zusehends weniger linear als vielmehr punktuell verliefen. Simon Frith belegte diese Verschiebung mit den dichotomen Begriffen der ›Rockpyramid‹ und des ›Talentpools‹ (vgl. Frith 1988b). Die 1980er und beginnenden 1990er Jahre werden zur Zeit der Shooting-Stars und Revivals[69]. Korrespondierend dazu etablierten sich drittens die Vermarktungsstrategien des Packagings (vgl. Burnett 1996: 5; Frith 1988b: 88 ff.) und Recyclings (vgl. Bunting 1995: 54 ff.): Neue Produkte gerieten zu Arrangements Erfolg versprechender Einzelteile und etablierte Produkte zu Diversifikationen in neuem

---

68 Klassische Beispiele sind Joint Ventures zwischen Film- und Musikindustrie: Kinofilme und Tonträger werden vernetzt promoted, meist auf der Basis stark beworbener Labels und Starfiguren (vgl. grundlegend Dreier 2006). Die Produkte beispielsweise, die unter dem Label ›Men in Black‹ und um den Star ›Will Smith‹ herum angeboten werden (der Film, der Song, das Album, der Clip, der Soundtrack und alle Merchandising-Produkte vom T-Shirt bis zum Schokoriegel), nehmen Waren- und Werbeform zugleich an: Sie werden als einzelne Produkte verkauft und bewerben sich wechselseitig (vgl. Müller 1999). Darüber hinaus entstehen verschiedene Jugendmusiksendungen als Koproduktionen von Fernseh- und Clipproduktionsfirmen (z.B. die Sendung »Wired« als einem Joint Venture zwischen der TV-Industrie und Initial Film) sowie vielerlei TV-Musikmischfirmen (z.B. Hadrian Production), die sich darauf spezialisierten, telegene Musiksendungen zu entwickeln (vgl. Frith 1993: 70 ff.).
69 Eine umfassende Zusammenstellung popkultureller Produkte und Trends der 1980er Jahre gibt Rettenmund (1996).

Gewand. Eine Schlüsselrolle in diesem Medienverbund spielten die Musiksender und ihre Musikvideos: Erstere fungierten mehr und mehr als werbestrategisches Environment und letztere als promotional Tools für alle Arten popkultureller Waren. Dass diese Funktion bereits in der Entwicklung MTVs angelegt war, belegen frühe Selbstdefinitionen: »It's an environment that's created around the centerpiece of music and a youth culture lifestyle you can buy into« (Mark Booth, MTV Europe's Managing Direktor über MTV, zitiert nach Frith 1988a: 209).

Das Sendeformat ›Musikfernsehen‹ war in den Anfangsjahren vor allem auf eines angewiesen: auf ein Publikum, das die neue Darreichungsform von Rock- und Popmusik akzeptierte und nutzte. Hinsichtlich des Musikkonsums konnten die soziokulturellen Rahmenbedingungen der beginnenden 1980er Jahre günstiger nicht sein: Ein alterndes Rockpublikum und die Entstehung einer Jugendkultur, in deren Zentrum nicht mehr allein die Musik stand (Goodwin 1992: 39 f.) – kurz: ›Fernsehreife‹ Rockveteranen und an einer visuellen Popkultur orientierte ›New-Wave-Kids‹ ebneten den Weg der widerständigen Rockmusik der 1970er Dekade ins kommerzielle Fernsehen der 1980er Dekade. Darüber hinaus profitierte MTV von den Effekten gesamtgesellschaftlicher Tendenzen: Der einsetzende ›Individualisierungsschub‹ und die daraus resultierende Entstehung kultureller Nischen brachte den Einheitsmarkt zum Bröckeln. Die Konsumgüter- und Werbebranche reagierte darauf mit einer Differenzierung des Warenangebots und der Produktwerbung. Daraus ergab sich die Notwendigkeit, jeweils relativ begrenzte Gruppen mit spezifischen Produkten und Werbungen versorgen zu müssen. Das Muss zur Zielgruppenspezifität zwang die Medienindustrie gegenüber den Werbetreibenden in eine zunehmend spezifisch werdende Zulieferungsrolle und wies Medieninhalten mehr und mehr die Rolle eines Werbeumfelds zu. Diese zielgruppenspezifische Fragmentierung der populären Medienkultur sollte nun im Modell eines *MusicTeleVisions* seine Entsprechung finden.

Die seit den späten 1990er Jahren voranschreitende Digitalisierung und Computerisierung der Medien(distribution)[70] zwingt die Musiksender zum Umdenken. Obwohl die Entwicklungen noch nicht abgeschlossen sind und sich Pro-

---

70 Digitalisierung bedeutet die Umstellung von analogen (kontinuierlichen) auf digitale (diskontinuierliche, binär codierte) Signale und damit einhergehend eine größere Effektivität der Speicherung und Übertragung von Mediensignalen (Vereinheitlichung/Kompatibilitätssteigerung, Reproduktion ohne Qualitätsverlust). Mit Blick auf publikumsrelevante Einzelmedien begann diese Entwicklung mit der Compact Disk (1982) und erfasste in der Folge das Telefonnetz (ISDN) sowie die Rundfunkmedien Radio und Fernsehen (hier: DVB-T). Parallel hierzu entwickelten sich der Personal Computer respektive das Internet als von vornherein digital aus-

gnosen schwierig gestalten, können bestimmte Tendenzen ausgemacht werden. Es geht dabei um Bereiche, deren (ökonomische) Zukunftsträchtigkeit sich aus Einschätzungen darüber ableiten, dass die Verbreitung respektive Rezeption medialer Inhalte künftig vermehrt digital (etwa über digitales TV), mobil (möglich etwa durch Handy-Angebote) und individuell zugeschnitten respektive interaktiv (ermöglicht durch Netzangebote) erfolgt.

Darüber hinaus ist eine signifikante Abwanderungsbewegung des Musikvideos in die Plattformen des Social Web zu beobachten. Clip-Portale wie YouTube machen Clips durch Mausklicks jederzeit zugänglich. User laden ihre Lieblings-Clips hoch und nutzen sie als mediale Identitätsverlängerung. Bezeichnend für die neue internetbasierte Distributionsstruktur ist, dass ein Clip mehrmals hintereinander angeschaut, jäh angehalten, vor- und zurückgespult werden kann. Die digitalen Abspiel- und Wahrnehmungsbedingungen lassen folglich einen geradezu sezierenden Blick auf den einzelnen Clip bzw. dessen Bauweise zu. Zudem kann die ›Begegnung‹ mit den Lieblingsstars spontan und selbstbestimmt sowie in ihrer Häufigkeit unbegrenzt eingeleitet werden.

Hinzu kommt, dass YouTube den User in Stand setzt, eigenproduzierte Clips hochzuladen. Ein herausragendes Beispiel hierfür ist sicherlich die Flut an Coverversionen, die, mit Handy oder Digitalkamera im privaten/häuslichen Umfeld aufgenommen, von Laienmusikern dargeboten werden. So hat das Produktionstool Computer im Zusammenschluss mit den Kommunikationsforen des Web 2.0 dazu beigetragen, dass der Laie in seiner digitalen Existenz als User in das fortwährende Spiel der Pop-Bricolage, der »Neuanordnung und Rekontextualisierung von Objekten, Tönen und Kombinationen« (Baacke 1998: 45), eingestiegen ist. Der bisherige gesellschaftliche Status von Songs und Musikvideos als durch prominente Identitätsträger vertretene Medienangebote wird somit um die Dimension des Kommunikationstools, das der Verbreitung privater Selbstpräsentationen und -inszenierungen dient, erweitert. Der Reiz dieser amateurhaft produzierten Web-Clips scheint weniger in der Bereitstellung eines sinnlich ansprechenden Wahrnehmungsangebotes als in der Herstellung von Publikums- und Alltagsnähe begründet. Im Gegensatz zum Star besteht für den Laien kein Anforderungsdruck der Bedeutsamkeit, d.h. er kann jenseits der Erwartungshaltungen, die an professionelle Unterhaltung gerichtet sind, agieren und entsprechend Originelles kreieren (vgl. Jost und Neumann-Braun 2010a: 378).

---

gerichtete Medien, welche mehr und mehr ›alte‹, herkömmliche Medieninhalte (Texte, Bücher, Filme, Musik, Radio- und Fernsehsendungen) kumulieren.

In diesem Sinne hat die Nutzungspraxis des Web 2.0 zu einer Emanzipation von Produktion und Rezeption populärer Musik von den Marktstrukturen der Musik- und Fernsehindustrie beigetragen. Dass der Übergang vom Internet-Laien zum Profi respektive Star jederzeit möglich ist und vermutlich in vielen Fällen intendiert wird – beispielhaft hierfür ist die Karriere des kanadischen Sängers Justin Bieber –, spricht für den hohen kulturellen Stellenwert, den das Netz und die in ihm virulenten Präsentationsformen gegenwärtig besitzen (vgl. Jost und Neumann-Braun 2010b: 294). Populäre Musik erweist sich in diesen Zeiten einmal mehr als vitale kulturelle Praxis, in der sich die technisch-medialen Grundlagen der Musikdarbietung und -rezeption wandeln und Menschen mit ihrer Hilfe neue materielle Erscheinungsformen entwickeln, die sich in der Gesellschaft als ästhetischer Maßstab etablieren.

3 Wie untersucht man ein Musikvideo?

3.1 Auslegung von AV-Produkten: Transkription/Deskription, Analyse und Interpretation

Im Falle audiovisueller Medienprodukte handelt es sich um sinnstrukturierte Gebilde (also um kulturelle Artefakte im Sinne von Objektivationen (vgl. Berger und Luckmann 1969)), welche als audiovisuelle Speicher- und Wiedergabemedien grundsätzlich in der Lage sind, reale Prozesse wahrnehmungsnah zu registrieren und ›wiederzugeben‹ (vgl. hierzu Sachs-Hombach 2003, Schmidt 1994, Hörisch 2006), um damit Wirklichkeit zu repräsentieren.[71] Medienprodukte in diesem Sinne verstanden »als Elemente der Repräsentationsordnung einer Gesellschaft« (Mikos 2005: 458) haben demzufolge in Hinblick auf ihre Datenqualität den Status von Primärquellen (vgl. ebd.: 458). Zudem weisen sie als Reproduktions- und Ablaufmedien eine fixierte Zeitstruktur auf, weshalb das ›filmische Werk‹ als Objekt der Auslegung sowohl beständig (vgl. Bellour 1999: 12) als auch gleichzeitig in Hinblick auf seine Protokollierung – wenn man so möchte – ›sekundär flüchtig‹ ist, da es als zeitbasiertes Wahrnehmungsanalogon aus Prozessen besteht, die nicht (vollständig) einer schriftlichen Notierung unterworfen werden können (vgl. ebd.: 15 ff.). Kurz: AV-Produkte sind Artefakte, in welchen Sinn nicht bloß als menschliches Handlungsresultat geronnen ist, sondern die ihrerseits Ereignisprozesse bzw. Prozesse der (handlungsförmigen) Sinnkonstitution zu zeigen vermögen, welche sich einer vollständigen Verschriftlichung entziehen. Auf dieses Gezeigte und seine Sinnbezüge fokussiert die Auslegung. Bei der Auslegung von AV-Produkten »[muss] grundsätzlich zwischen Analyse, Beschreibung und Interpretation unterschieden werden« (Mikos 2003: 70), wobei »Beschreibung und Interpretation [...] als Grundoperationen der Analyse angesehen werden [können]« (ebd.). Analyse fungiert insofern in einem weiteren Sinn als Oberbegriff der Prozedur der Auslegung als Ganzes sowie im engeren Sinn als zentrales Mittelstück einer solchen Auslegung, durch welches auf der

---

71 Repräsentation ist in einem allgemeinen Sinn als die Darstellung von Inhalten zu verstehen (siehe hierzu grundlegend Mikos 2003: 40 ff. und 101 ff.) und impliziert noch keine Aussagen bezüglich des Realitätsstatus des Dargestellten (siehe hierzu ausführlich Schmidt 2011).

Basis von Deskriptionen Bedeutungszuweisungen mit dem Ziel einer Gesamtinterpretation vorgenommen werden. Hieraus ergibt sich methodisch ein Dreischritt[72], bestehend aus 1. Transkription/Deskription (= Phänomensinn), 2. Analyse (= Bedeutungssinn) sowie 3. Interpretation (= Dokumentsinn).[73] Während im ersten Schritt notiert und beschrieben wird, was wahrgenommen werden kann (Elemente und Relationen), werden im zweiten Schritt auf der Basis identifizierter Elemente und formaler Relationen deren konventionale Bedeutungen expliziert und im dritten Schritt mögliche Sinnkontexte erschlossen, die das zugrundeliegende Produkt kulturell zu verorten vermögen (siehe hierzu ausführlich die folgenden Abschnitte).

Das Analysetool *trAVis* eignet sich zunächst zur Notation/Transkription und Beschreibung (siehe unten Abschnitt 3.1.1) sowie zur Analyse (im Sinne von Segmentierung und Bedeutungszuweisung; siehe unten Abschnitt 3.1.2), integriert allerdings auch Interpretationsoperationen (über die so genannten ›Kontextfelder‹; siehe unten Abschnitt 3.1.3).

Während Transkription (T) und Analyse (A) Komplexität dadurch reduzieren, dass sie materialen, formalen, signifikativen und kommunikativen Strukturen bei strengem Materialbezug en detail und sequenziell nachgehen und damit den Blick fürs Ganze bewusst und temporär (und somit methodisch kontrolliert) suspendieren, erfolgt durch die Interpretation (I) eine Komplexitätssteigerung, da hier die Gesamtbedeutung des Kommunikats (›Botschaft‹), dessen latenter (›objektiver‹) Sinn sowie die kulturelle Bedeutung des Produkts (als ›Dokument‹) innerhalb kultureller Kontexte im Fokus steht. Auf dieser letzten Ebene spielen die in *trAVis* implementierten Kontextfelder (Œuvre, Genre, Bedeutungsfelder; siehe Abschnitt 4.2.5) eine zentrale Rolle.

Schematisch lässt sich dieser Zusammenhang wie folgt darstellen:

---

72 Ursprünglich der Kultursoziologie Karl Mannheims (vgl. Mannheim 2004) entstammend und durch Erwin Panofsky (vgl. Panofsky 1975 sowie zusammenfassend Bätschmann 2001: 68 ff.) in die Kunstwissenschaft eingeführt, lässt sich dieses »Dreischrittschema« (Müller 2003: 34) als methodischer Konsens in der Auslegung (film)bildlicher bzw. audiovisueller Artefakte begreifen (vgl. Mikos 2003: 74, Müller-Doohm 1995, 1997, Bohnsack 2003, Reichertz 2005).
73 Die Differenzierung in Phänomen-, Bedeutungs- und Dokumentsinn stammt von Panofsky (1975).

Transkription/Deskription	= Beobachtungen notieren, Phänomene beschreiben
Analyse	= Sinnebenen unterscheiden, Sinneinheiten segmentieren, basale Bedeutungen und formale Relationen explizieren

Analyse	= Synthetisieren einzelner Bedeutungen; Sinnbezüge und mögliche Mitteilungsabsichten explizieren
Interpretation	= Einordnen in kulturelle Kontexte, Gesamtbotschaft und kulturelle Bedeutung bestimmen

Im Gegensatz zu Produktions- und Rezeptionsanalysen konzentrieren sich die hier im Fokus stehenden Produktanalysen auf ein fixiertes Kommunikat (klassisch: auf das durch den Audiovisions-›Text‹[74] repräsentierte Werk) im Spannungsfeld von Produktion (Herstellung; Mitteilungsabsicht) und Rezeption (Verstehens- und Aneignungsprozesse). Im Gegensatz zu situierten und ereignishaften Herstellungs- (Produktion) bzw. Aneignungshandlungen (Rezeption) hat man es im Falle audiovisueller Produkte mit fixen und damit identisch reproduzierbaren Klangbildverläufen zu tun, welche es vermögen, Gegenstände jenseits physikalischer Bedingungen hervorzubringen, das heißt – wie Wiesing (2006) es gefasst hat – sie artifiziell präsent zu machen. Auf diese Weise sind gezeigte Ereignisse und Handlungen »herausgehoben aus dem Kausalverkehr der Dinge« (Jonas 1987: 32, zitiert nach Wiesing 2006: 28). Insofern liegt die Besonderheit medialer (hier: audiovisueller) Produkte darin, dass sie ›eingekapselte‹ Kommunikationen hervorbringen, deren Dargestelltes keinen Veränderungen in der Zeit unterworfen ist (vgl. Wiesing 2008). Solche ›festgestellten‹ und daher dauerhaft mit sich selbst identischen Kommunikationen unterliegen ihrerseits wiederum einem der Wahrnehmung zum größten Teil entzogenen (handlungsförmigen bzw. kommunikativen) Herstellungsprozess und sind kommunikativ darauf angelegt, wahrgenommen zu werden. Sie sind – wenn man so möchte – auf der Grundlage flüchtiger Kommunikationsprozesse erzeugte, nicht-flüchtige Kommunikate. Aus der Perspektive einer pragmasemiotischen Filmanalyse

---

74 Bezug genommen wird hier auf das, was Souriau (1997) als die filmographische Wirklichkeit bezeichnet hat.

formuliert Wulff (1999a: 17) diesen Zusammenhang wie folgt: »Das ›Darstellen‹ selbst ist eine kommunikative Tätigkeit und setzt den Adressaten ebenso voraus wie das Sinn-Verhältnis, das die Kommunizierenden miteinander eingehen«. Im Zentrum steht so die »gesendet-empfangene Kommunikation« (Hausendorf 2001: 190) bzw. das mediale Produkt (vgl. Keppler 2006 sowie Willems 2000) als Kommunikationsangebot, da es sowohl Kommunikationen in Form von Darstellungen ›enthält‹ (im Sinne von produzentenseitigen Erwartungsstrukturen) als auch eine spezifische Form von Kommunikation strukturell (im Sinne eines fixierten Sequenzablaufs bestimmter Sinneinheiten) vorgibt, wobei die Möglichkeit, die laufende Symbolproduktion an irgendeiner Stelle an parallel laufenden Rezeptionsaktivitäten zu orientieren, prinzipiell ausgeschlossen ist (vgl. Jäckel 1995, Krotz 2007: 213 ff., Schneider 2001).[75] Kurz: Das Produkt vermag Produktion und Rezeption erst aufeinander zu beziehen und ist daher als fixiertes und öffentlich gemachtes Verbindungsglied (vgl. insbesondere Keppler 2001) einer auf diese Weise mittelbar realisierten Kommunikation zu begreifen, durch welche eine Medienkommunikation (vgl. grundsätzlich Holly und Püschel 1993) als gemeinsamer Bezugspunkt der (alltäglichen wie wissenschaftlichen) Betrachtung und qua technischer Fixierung als identisches Datum überhaupt erst zustande kommt.

3.1.1 Transkription/Deskription

Die Operationen der Transkription und Deskription dienen der Sicherung der Datenbasis.[76] Sie beziehen sich auf die Präsenz darstellender Materialitäten und Medialitäten sowie auf die dadurch erzeugten Objekte der Darstellung und stellen den Versuch dar, beobachtbare Phänomene in ein Protokoll dieser Beobachtung zu transformieren.

Transkription im allgemeinen Sinn bedeutet das Verschriften nicht (gänzlich) schriftlich vorliegender Ereignisse, dem Wortsinn nach also ein ›Um- oder (Hin-)Überschreiben‹ wahrnehmbarer Prozesse. Ziel der Transkription ist es,

---

75 Krotz (1992) spricht daher – mit Blick auf das Produkt – davon, dass der Rezipient »strukturell bedeutungslos« (237) sei. Ausnahmen stellen hier lediglich televisuelle Live-Sendungen mit der Möglichkeit einer Partizipation des Fernsehpublikums dar.
76 Vgl. Mikos (2003: 82) unter Rekurs auf Wuss (1993).

ein schriftliches Fixat eines flüchtigen Prozesses[77] zu erzeugen[78], welches nicht als (beschreibender) Text auftritt, sondern die originären Qualitäten des zugrundeliegenden Ereignisses möglichst getreu zu bewahren erlaubt.[79] Mit einer Transkription verbinden sich daher grundsätzlich folgende Aspekte:

- Prozessualität des Untersuchungsgegenstands: Die Beschreibung eines Gemäldes oder eines Artefakts[80] ist keine Transkription;
- Medienwechsel: Das Zitieren von Literatur ist keine Transkription (vgl. Bellour 1999);
- Mit der Transkription verbindet sich häufig, jedoch nicht zwangsläufig, eine Versprachlichung sowie umgekehrt der paradigmatische, zu transkribierende Gegenstand gesprochene Sprache darstellt. Erweitert man diese Perspektive auf wahrnehmbare Prozesse aller Art, lässt sich systematisch festhalten, dass alle nicht skriptural vorliegenden Prozesse (etwa Bewegtbilder oder mündliche Rede) grundsätzlich wie folgt in Schrift überführt werden können. Sie können
  - mittels sprachlicher Zeichen ›wiedergegeben‹ (insofern sprachliche Zeichen auch Teil des zu transkribierenden Datenmaterials sind, etwa im Falle mündlicher Rede),
  - mittels Sprache bezeichnet oder beschrieben (etwa im Falle bewegter Bilder) bzw.
  - mittels nicht-sprachlicher Zeichen notiert (etwa Sonderzeichen für Paraverbales oder Noten für musikalische Ereignisse) werden.

---

77 Grundlage hierfür ist, dass solche flüchtigen Prozesse in irgendeiner Form aufgezeichnet wurden, also ihrerseits bereits in reproduzierbarer Form vorliegen (vgl. hierzu Ayaß 2005). Während naturwüchsige Kommunikationsprozesse in aller Regel einer entsprechenden, durch die Forschenden induzierten Aufzeichnung bedürfen (vgl. Deppermann 1999: 21 ff., Dittmar 2002: 55 ff. sowie Hartung 2006), liegen solche Aufzeichnungen im Falle audiovisueller Kommunikate bereits vor, bei welchen – folgt man Oevermann (2000) – es sich daher um editierte Protokolle der zu untersuchenden Praxis selbst handelt, so dass protokollierte Wirklichkeit und Protokollierungshandlungen und damit auch Eröffnung und Beendigung sozialer Praxis im und des Produkts koinzidieren (siehe hierzu auch die Rubrik »Medienprodukte als konstruierte Daten« im Sammelband »Qualitative Methoden der Medienforschung« (Ayaß und Bergmann 2006)).
78 Bei der Transkription gesprochener Sprache etwa spricht Dittmar (2002) von »›Verdauerung‹«.
79 Für die Gesprächsforschung vgl. grundsätzlich Redder (2001) sowie Deppermann (1999), für die Medienforschung Ayaß (2005).
80 Wie etwa Simmels Beschreibungen von Vasen und Henkeln (vgl. Simmel 1919).

Transkribieren ist also der Prozess einer Übertragung wahrnehmbarer Prozesse in ein schriftliches Protokoll zu Analysezwecken[81] und stellt damit den Versuch dar, die Resultate eigener Beobachtungstätigkeiten in Form eines intersubjektiv nachvollziehbaren Protokolls eines Geschehens festzuhalten. Die Transkription steht damit im Anspruch der Registrierung und Fixierung faktischer Ereignisabläufe und Handlungsvollzüge. Sie ist daher ein wesentliches Hilfsmittel zur Beschreibung (Deskription) und somit zur Erfassung und ›Verdauerung‹ des Phänomensinns ›sekundär flüchtiger‹ (siehe oben) audiovisueller Produkte.

Je nach (materialer/medialer) Beschaffenheit des zu transkribierenden Ausgangsmaterials (mündliche Rede, Bewegtbild, Audiovision, Musik etc.) ist die Transkription gezwungen, auf unterschiedliche Symbolrepertoires und unterschiedliche Notierungsverfahren zurückzugreifen. Während mündliche Rede etwa sprachlich oder musikalische Ereignisse mittels entsprechender musikalischer Parameter (wie Melodien, Harmonien und Rhythmen anhand des Notensatzes) notiert werden können, lassen sich Paraverbales (etwa Stöhnen oder Lachen) und Non-Vokales (etwa die Fahrgeräusche eines Autos) nur lautmalerisch oder umschreibend in Schriftform festhalten. Eine besondere Herausforderung stellt die schriftliche Repräsentation des Bewegtbildes dar, da hier eine Reihe komplexitätssteigernder Faktoren zusammenkommt:

- (Audio-)Visuelles ist im Gegensatz zu rein sprachlichen Gebilden anschaulich-konkret[82] und konfrontiert den Beobachter mit einer Fülle differenter, jedoch gleichzeitig dargebotener Reize.[83]
- Audiovisuelle Produkte weisen eine komplexe Schichtung mehrerer Code-Ebenen auf, wobei sowohl filmspezifische als auch filmunspezifische Codes eine Rolle spielen.[84]
- Audiovisuellen Bewegtbildern inhäriert im Gegensatz zu stehenden Bildern eine dritte Dimension, welche im Gegensatz zu Plastiken nicht in der räum-

---

81 Die wissenschaftliche Zweckgebundenheit betont insbesondere Redder (2001).
82 Langer (1992) hat dies in grundsätzlicher Weise als einen Wechsel von diskursiven zu präsentativen Kommunikationsweisen gefasst. Vgl. hierzu auch grundsätzlich Rapp (1973: 82 ff.).
83 Vgl. Sachs-Hombach (2003); Reichertz (1992: 143) gebraucht zur Charakterisierung stehender (Werbe-)Bilder die Metapher der »optischen Sinfonie«.
84 Vgl. für den Film Opl (1990: 292 f.), der, verschiedene filmsemiotische Ansätze zusammenfassend, sechs Code-Ebenen unterscheidet: Ebene 0: Übertragungs-Code (= Produktion und Wiedergabe durch Maschinen); Filmische Code-Ebene 1: Reproduktion von Teilaspekten der natürlichen Wahrnehmung; Ebene 2: Kamerahandlung bzw. deren Selektionslogik; Ebene 3: Handlung vor der Kamera bzw. präexistente Objekte und Bedeutungen; Ebene 4: filmische Intertextualität; Ebene 5: Kotext oder Montage; Ebene 6: formal-ästhetische Intertextualität.

lichen Tiefe, sondern in jener der zeitlichen Ausdehnung besteht – Sachs-Hombach (2003: 130) spricht daher von »›Zeit-Plastiken‹«. Da sie zudem ihre Zeitlichkeit erst in und durch ihre Vorführung entfalten, lassen sie sich als »zweistufiges Medium« (ebd.: 131) begreifen, bestehend aus dem physischen Substrat (etwa der belichtete Filmstreifen) und dessen temporalisierter, je einmaliger und flüchtiger Vorführung etwa in Form einer Projektion; beides zusammen konstituiert oben angesprochene ›sekundäre Flüchtigkeit‹ (vgl. auch Sachs-Hombach 2003: 130 ff.).

- Das audiovisuelle Bewegtbild impliziert allerdings nicht nur Zeitlichkeit, sondern darüber hinaus Bewegungsförmigkeit auf mehreren Ebenen[85]: Bewegung als das das Filmophanische[86] (den vorgeführten Film) hervorbringende Prinzip (klassisch: der im Projektor laufende Filmstreifen), Bewegung im Bild (Objektbewegungen), Bewegung des Bildes (Kamerabewegungen), Bewegung in der Bildfolge (Schnitt/Montage), Bewegung auf der Ebene des Dargestellten (Darstellungsinhalt oder Bildsujets des Films sind Prozesse (Ereignisse, Geschehnisse, Geschichten)) sowie Bewegung als audiovisuelles Gesamtgeschehen (vgl. Keppler 2005a). Kurz: »Sein herausragendes [...] Thema ist ganz allgemein die Bewegung« (ebd.: 131).

trAVis trägt diesem Umstand insofern Rechnung, als auf unterschiedlichen Ebenen der Sinnkonstitution (Bewegtbild, gesungener Text, Musik) unterschiedliche Möglichkeiten der Notation zur Verfügung stehen.

Die Transkription ist zugleich Hilfsmittel und erster Schritt in der Deskription des Materials, welche darin besteht, beobachtbare Prozesse sprachlich wiederzugeben (›in Worte zu fassen‹), was sowohl der Reflexion, Vergewisserung und Intersubjektivierung notwendigerweise subjektiver Wahrnehmungsprozesse dient als auch einen fließenden Übergang zur Analyse[87] darstellt, da Sprache dazu zwingt, Konkret-Anschauliches (Singuläres) in abstrakt-begriffliche Kategorien zu überführen.[88]

Während die Transkription bemüht ist, eine möglichst exakte ›Umschrift‹ zu untersuchender Prozesse zu liefern (und sich hierzu – je nach Untersuchungs-

---

85 Vgl. hierzu grundlegend Kühnel (2008: 155 ff.) sowie Keppler (2006: 59 ff.).
86 Vgl. Souriau (1997).
87 Jede »Deskription wird – gewissermaßen noch ehe sie überhaupt anfängt – die rein formalen Darstellungsfaktoren bereits zu Symbolen von etwas Dargestelltem umgedeutet haben müssen; und damit wächst sie bereits, sie mag es machen wie sie will, aus einer rein formalen Sphäre schon in eine Sinnregion hinauf« (Panofsky 1992: 211).
88 Siehe hierzu grundlegend Schütz (2003).

gegenstand – entsprechender Sonderzeichen bzw. Spezialcodes bedient)[89], ist die Deskription darauf angelegt, Wahrnehmungsprozesse mit dem Ziel zu versprachlichen, wesentliche Eigenschaften des infrage stehenden Objekts festzuhalten. Regulative Leitidee der Transkription ist daher eine möglichst exakte, vollständige und lückenlose sowie objektive Wiedergabe des ursprünglichen Prozesses (obgleich dies natürlich immer nur annäherungsweise möglich ist). Die Deskription dagegen selegiert, setzt Relevanzen und abstrahiert, indem sie Beobachtungseindrücke und Salienzen versprachlicht und dadurch Wahrgenommenes ›auf den Begriff bringt‹.[90]

Beiden gemein ist eine Kaprizierung auf wahrnehmbare Objekteigenschaften (Phänomensinn), was im Falle von Prozessen bzw. von Prozessen reproduzierenden Zeitmedien die Orientierung an Abläufen bzw. an der Sequenzialität sozialer Wirklichkeit impliziert. Beide Operationen zwingen in unterschiedlicher Weise zum Bezug auf das Ausgangsmaterial: Während die Transkription das originäre Geschehen ›umcodiert‹ und sich so als Teil der Materialbasis in anderer Form verstehen lässt, also idealiter ›bloß‹ eine Registrierung mittels Schrift darstellt (Kontrolloperation: Ausgangsmaterial/korrekte Umcodierung), steht die Deskription im Anspruch, Wahrnehmungseindrücke des Geschehens in intersubjektiv nachvollziehbarer Weise – und das heißt vornehmlich: mittels Sprache – wiederzugeben (Kontrolloperation: Ausgangsmaterial bzw. Transkription/ angemessene sprachliche Erfassung relevanter Objekteigenschaften).

Die Beschreibung bildlicher bzw. audiovisueller Artefakte stellt dabei zunächst bloß einen Sonderfall der Beschreibung (audio)visueller Wahrnehmung im Allgemeinen dar und folgt daher – alltagsanalog – einer auf das Erinnerungsvermögen gestützten »vitalen Daseinserfahrung« (Panofsky 1992: 220) des »tatsachenhaften und ausdruckshaften [Sujets]« (Panofsky 1975: 38) dargestellter Objekte und Personen. Neben der Identifikation und Beschreibung dargestellter Objekte/Personen und deren Relationen (Figuren, Dinge, Orte, Größenverhältnisse, Situationen, Interaktionen etc.) ist sie zudem bemüht, auf

---

89 Vgl. für Gesprächsforschung Dittmar (2002). Grundsätzlich geht es darum, sinnlich wahrnehmbaren Phänomenen, welche nicht adäquat durch die alphabetische Lautschrift (also mittels Buchstaben) dargestellt werden können (etwa Akzente, Tonhöhen, Dehnungen oder Pausen etc.) Codes zuzuordnen, um sie auf diese Weise skriptural repräsentieren zu können. Ein vereinheitlichendes System für die Gesprächsforschung schlagen Selting et al. (1998) vor.

90 Mit Blick auf die Qualität der Daten folgt die Transkription idealiter der Logik einer Registrierung bzw. einer sinnfremden Wiedergabe und die Deskription jener einer Rekonstruktion bzw. einer intelligiblen Darstellung (vgl. Oevermann 2000: 84 ff.; zur Differenz von registrierendem und rekonstruktivem Modus der Datenerhebung vgl. grundlegend Bergmann 1985).

spezifisch ästhetische Qualitäten des darstellenden Mediums einzugehen (etwa Bildformat/-qualität, Gestaltung des Bildraums, Perspektive, Lichtverhältnisse und Farbgestaltung, Kameraeinstellungen und -bewegungen, Bild-Ton-Verhältnisse, Schnitte/Montage), welche als (einzelmedienspezifische) Darstellungskonventionen je eigene Bedeutungen zu vermitteln vermögen.[91] Zusammengenommen geht es um das Erkennen des »primären oder natürlichen Sujets« (ebd.: 38) einer Darstellung.

Eine häufig verwendete Form der Notation bzw. Protokollierung (audio-)visuellen Geschehens und insbesondere von Filmen sind Einstellungs- und Sequenzprotokolle[92], mittels welcher »grundsätzlich [...] versucht [wird], jede auditive und visuelle Information schriftlich festzuhalten« (Mikos 2003: 87), das Geschehen also als Prozess sowohl sprachlich als auch grafisch[93] zu repräsentieren. Sie stellen insofern ein Hybrid aus Transkription und Deskription dar, welcher als eine mögliche Notationsform (audio)visueller Produkte im Sinne einer Art Vorform detaillierter Transkriptionen begriffen werden kann.

Transkription bzw. Protokollierung und Deskription sind Teil einer methodisch kontrollierten Vorgehensweise und erfüllen unter anderem folgende Funktionen:

- Sicherung der Datenbasis;
- Aufschließen/Explorieren des Gegenstands;
- detaillierte und möglichst vollständige Erfassung aller sinnlich wahrnehmbaren Phänomene (Elemente/Komponenten (›Gestalten‹), Ebenen, Relationen);
- Verfremdung des Selbstverständlichen (vgl. Hitzler 1991);
- Berücksichtigung der Sequenzialität sozialer Prozesse (Prinzip der Sinnaufschichtung) (vgl. grundlegend Oevermann 2000 sowie Schneider 2008).

---

91 Am Beispiel des Fernsehens hat etwa Meyrowitz (1986: 256) mit dem Konzept der »Para-Proxemics« eindrücklich aufgeschlüsselt, wie körperliche Distanzen als eine relevante Dimension kopräsenter Interaktionen durch den filmischen Code der Einstellungsgrößen auf die Beziehung zwischen filmisch dargestellter Person und Zuschauer übertragen wird.
92 Die Termini der Transkription und Protokollierung werden weitestgehend synonym verwandt (vgl. etwa Korte 2004: 45 ff. sowie Keppler 2006). Zur Anfertigung von Protokollen audiovisueller Produkte siehe Bienk (2008: 188 ff.), Borstnar et al. (2002: 131 ff.), Faulstich (2008: 169 ff.), Hickethier (1996: 36 ff.), Korte (2004: 45 ff.), Korte (2005) sowie kritisch Wulff (2006).
93 Vgl. hierzu insbesondere Korte (2004), der unterschiedliche Verfahren der Visualisierung filmischer Strukturen erörtert.

Insofern lässt sich der Versuch, flüchtige Prozesse zu transkribieren bzw. zu protokollieren und zu beschreiben, als Teil der methodischen Umsetzung methodologischer Postulate einer empirisch-rekonstruktiv verfahrenden Sozialwissenschaft begreifen (siehe hierzu insbesondere auch Keppler 2006: 105 ff.). Sie sind notwendige Voraussetzungen einer wissenschaftlichen Analyse, welche sich durch induktiv-rekonstruktionslogische Datengetriebenheit (im Gegensatz zu deduktiv-subsumsionslogischer Vorgehensweise) auszeichnet, was zugleich die Grundbedingung für eine gleichberechtigte Berücksichtigung aller relevanten Phänomene (›order at all points‹) darstellt bzw. eine vorschnelle Verengung auf bestimmte Phänomene verhindert.

Der Übergang von Transkription zu Deskription ist allerdings insofern fließend, als die Tätigkeit des Transkribierens bereits selektiv und bisweilen notgedrungen sprachlich beschreibend und damit interpretativ ist (siehe hierzu Deppermann 1999: 39).

Dies gilt je nach involviertem Symbolrepertoire des Kommunikats mehr oder weniger: Während mündliche Rede vergleichsweise unproblematisch zu transkribieren ist, ist dies bei Bildern nahezu unmöglich. Hier fallen Transkription und Deskription in Eins (vgl. Reichertz 1992, 2005) bzw. »versucht die Beschreibung als Übersetzung der Bilder in Sprache die audiovisuellen Texte zumindest auf dieser Ebene greifbar und zitierbar zu machen« (Mikos 2003: 82).

trAVis verbindet Transkription und Deskription, da es sowohl die üblichen Komponenten des klassischen Filmprotokolls (siehe Fußnote 92) enthält als auch die kategoriengeleitete Notation filmspezifischer Merkmale auf unterschiedlichen Konstitutionsebenen (etwa das Festhalten von Einstellungsgrößen oder Kamerabewegungen) ermöglicht. Resultat ist die ›Übersetzung‹ eines audiovisuellen Produkts in eine grafische Darstellung. Zudem bietet es die Möglichkeit der Unterbringung umfassenderer Beschreibungen mit Hilfe der so genannten Kontextfelder. Kurz: Mittels *trAVis* lassen sich Klangbildverläufe schriftlich notieren, grafisch darstellen, ausführlich beschreiben und kontextuell einordnen.

3.1.2 Analyse

Die Analyse im engeren Sinn dient der systematischen Betrachtung und Erfassung des untersuchten Gegenstands. Mikos (2003: 83) bezeichnet sie als »die eigentliche Grundlagenarbeit – die Bestandsaufnahme der Komponenten« der audiovisuellen Produkte. Sie setzt dabei zum einen am beobachtbaren Phänomen an, wie sie sich zugleich zum anderen auf Absentes (Repräsentiertes, Dargestelltes, Vermeintes) bezieht. Dabei »[steht] die Analyse in einer doppelten Beziehung zum Material [...]: Einerseits werden ihre Erkenntnisse aus der Anschauung des Materials gewonnen, andererseits müssen diese gewonnenen Erkenntnisse immer wieder durch Anschauung überprüft werden« (ebd.: 76). Insofern führt die Analyse die Transkription/Deskription des audiovisuellen Produkts zum einen fort, da sie bemüht ist, die Ganzheitlichkeit des Produkts in Sinneinheiten und -ebenen zu zerlegen und geht zum anderen über diese hinaus, da sie bestrebt ist, Protokollierungen und reine Deskriptionen (also das phänomenal Gegebene) dergestalt zu transzendieren, als sie die Verschränkung formaler Relationen (Syntaktik, Form) auf der einen und Bedeutungen bzw. Repräsentationen (Semantik, Inhalt) auf der anderen Seite zu einer Strukturanalyse verdichtet. Unter Rekurs auf die Vorstellung von Zeichen als Gegenstände des Verstehens (res intelligibilis) sind – folgt man Wulff (1999a: 14) – »Analysen Übersetzungen, die dem nachspüren, was das Intelligible an einem Film und was die Bedingungen der Verstehbarkeit sind. Die schwer fassliche sinnliche Präsenz des Films, seine anschauliche Fülle und Konkretheit wird so an ein intellektuell-begrifflich konstituiertes Konzept angenähert: Intelligibel am Film sind diejenigen Strukturen, die sich von der baren Präsenz des Erlebnisses ablösen lassen und die zu einer Erkenntnis und zum Anlass einer Einsicht in die Prozesse der Bedeutungskonstitution im Film werden können«. Ziel der Analyse ist es demzufolge, »herauszuarbeiten, wie Film oder Fernsehtexte im kontextuellen Rahmen das kommunikative Verhältnis mit ihren Zuschauern gestalten und wie sie Bedeutung bilden« (Mikos 2003: 70). Daher kann die Analyse »als eine besondere Strategie, eine besondere, kontrollierte und explizite Form des ›Übersetzens‹ lokalisiert werden« (Wulff 1998: 20, zitiert nach Mikos 2003: 76). »Denn im Zentrum der Analyse steht der Versuch, die Strukturiertheit und die Funktion des bewegten Bildes zu verstehen« (ebd.: 76).

Gefragt wird dann, auf einer ersten werkimmanenten Ebene, welche Lesarten durch das audiovisuelle Produkt auf der Grundanlage der Auswahl bestimmter formaler Gestaltungen sowie bestimmter Inhalte (zusammen: Strukturiertheit) angeboten werden und – damit einhergehend – welche Wissenszusammenhänge (Typen) dadurch aktualisiert werden. Kurz: Was wird mit welchen Mitteln (tatsachen- und ausdruckshaftes Sujet; Form der Darstellung) dargestellt (Szenen, Handlungs- und Sinnzusammenhänge)?[94] Auf welche außermedialen Größen

---

94 Im Falle von fiktionalen Filmen sind dies prominent narrative Strukturen (also der Zusammenhang von erzählter Geschichte und ›textuellen‹ Erzählstrukturen), welche durch das dargestellte Handeln von Figuren in bestimmten Situationen getragen ist. Dies ist jedoch mit Blick auf AV-

(bekannte Personen und Szenen, überlieferte Ereignisse, kulturelle Symbole) ist es bezogen, welche thematischen Komplexe sind damit aufgerufen? Zugleich wird das so Dargebotene auf einer zweiten – kommunikationsanalytischen – Ebene als Produkt einer angestrebten Kommunikation (eines Produzenten mit anvisierten Rezipienten) perspektiviert, so dass nach Intentionen und Geltungsansprüchen (Pragmatik), also dem kommunikativen ›Wozu‹ gefragt wird. Die Strukturiertheit des Produkts gibt auf diese Weise Aufschluss über einen rekonstruktiv zu imaginierenden Kommunikationsprozess, wodurch Produkteigenschaften retrospektiv als Erwartungsstrukturen sowie prospektiv als Handlungsanleitungen bzw. mögliche Rezeptionspositionen[95] figurieren, welche sich im Produkt verschränken. Ziel ist es, den Stellenwert des Gesamtprodukts als Zeugnis (subjektiv gemeinter Sinn) zu ermitteln.[96]

Die Bedeutungszuweisung geschieht nun im Gegensatz zur Beschreibung, welche, wie oben skizziert, auf vitaler Daseinserfassung gründet, mittels kulturellen Wissens (bei Panofsky: Typengeschichte, literarisches Wissen, Schriftquellen), Wissen also, dass historisch und kulturell spezifisch ist und unter Umständen durch das Studium externer Quellen erworben werden muss.[97] Im Gegensatz zur Deskription zielt die Analyse daher auf das »sekundäre« oder »konventionale Sujet« (Panofsky 1975: 39).

Verallgemeinert geht es um die Verortung des Dargestellten sowie der Art des Darstellens vor dem Hintergrund des Wissens um typische Darstellungsformen und -inhalte sowie deren typischen Funktionen.[98] Vertieft werden kann eine solche Bestimmung durch Vergleiche mit Vorläufern und systematischen

---

Produkte im Allgemeinen nicht zwingend und daher entsprechend zu erweitern. Im Falle von Musikvideos etwa spielen narrative Strukturen neben performatorischen, illustrativen und situativen häufig nur eine untergeordnete Rolle; zudem kommt der Animation von Bewegung jenseits menschlicher Handlungen bzw. filmischer Handlung (plot) eine bedeutsame Rolle zu (vgl. grundlegend Altrogge 2001a-c).

95 Im Sinne potenzieller nicht empirischer Rezeption (vgl. Keppler 2006: 42 ff. sowie 87 ff.). John Fiske (1987) hat dies mit den Konzepten der ›Textualität‹ bzw. der ›produzierbaren Texte‹ zu erfassen versucht (95 ff.).

96 Panofsky (1975) fasst den Sinn, den die Analyse (welche bei ihm der Ikonographie i. e. S. entspricht) zu ermitteln hat, als »die bewusste Absicht des Künstlers« (40) und damit als intendierten.

97 Müller (2003: 35 ff.) verdeutlicht dies am Beispiel eines Wahlplakats, welches u. a. Helmut Kohl zeigt: Während unser Phänomensinn (gestützt auf unsere vitale Daseinserfassung) einen stehenden Mann erkennen kann, vermag eine Bedeutungszuweisung auf der Grundlage unseres kulturellen Wissens diesen Mann als Altkanzler ›Helmut Kohl‹ zu bestimmen.

98 Reichertz (2005) beschreibt diesen Prozess etwa als offenes Codieren, durch welches das Material mit theoretischen Konzepten belegt wird.

Varianten (bei Panofsky: Motivgeschichte), was die Recherche nach ähnlichen Darstellungsinhalten (Motiven, Sujets) und -formen bzw. die Rekonstruktion von ›Darstellungskarrieren‹ impliziert. Die Bestimmung kommunikativen Sinns (Zeugnis) erfordert zudem die Kenntnis des Produktkontextes: Welcher Mediengattung bzw. Textsorte[99] gehört das Produkt an (etwa: Werbespot, Musikvideo, Web-Clip oder Kurzfilm, Spielfilm, Fernsehfilm, Dokumentarfilm)? Wie und von wem ist es produziert worden (etwa: von professionellen Filmemachern versus von Amateuren)? Wie ist es distribuiert worden, wo ist es zugänglich (etwa: Fernsehen versus Internet)? Welchen (primären) kommunikativen Zwecken dient es (etwa: Werbung versus Unterhaltung)? Gibt es Auftraggeber und/oder anvisierte Zielgruppen? Sind Quellen zugänglich, welche etwas über das Thema und/oder die Motivation des Produkts (etwa Pressemitteilungen oder Making-ofs) offenbaren?[100]

Zusammengenommen zielt die Analyse i. e. S. auf eine Bedeutungs- (Semantik) und Sinn- (Pragmatik; Sinn des Erzeugens) Explikation phänomenaler Einheiten und deren Relationen. Sie ist das Kernelement der Auslegung audiovisueller Kommunikate und kann durch Beschreibung und Interpretation nicht ersetzt werden, indem etwa versucht wird, einzelne Aspekte des Inhalts oder der Repräsentation eines audiovisuellen Produkts punktuell auf außerhalb des Produkts liegende Zusammenhänge zu beziehen und damit zu deuten (vgl. Mikos 2003: 70). Analysen haben daher idealiter einer sequenziellen Logik zu folgen und sind grundsätzlich bemüht, das Produkt vollständig und detailliert zu durchdringen. Kulturelle Artefakte einer Analyse zu unterziehen, bedeutet daher grundsätzlich eine Methodisierung und Systematisierung eines immer schon alltagshermeneutischen Weltzugangs[101] durch die Angabe konkreter Tätigkeiten und ihrer Abfolge in Form von Arbeitsschritten. Mit Blick auf die Analyse i. w. S. unterscheidet Mikos (2003: 75 ff.) für die Film- und Fernsehanalyse etwa vierzehn Arbeitsschritte, innerhalb derer die Arbeitsschritte »Beschreibung«, »Analyse« und »Interpretation« wiederum als Schritte 9–11 implementiert sind. Als konkrete Operationen im Zusammenhang mit der Analyse i. e. S. (= Schritt 10)

---

99 Vgl. Borstnar, Pabst, Wulff 2002: 48 ff.
100 Folgt man Panofsky, geht es letztlich darum, zu eruieren, ob, und wenn ja, welchem zugrunde liegenden Text eine bildliche Darstellung folgt, um herauszufinden, was die bildliche Darstellung darzustellen beabsichtigt (vgl. zusammenfassend Bätschmann 2001: 58 ff.). Verallgemeinert heißt das, nach Kontexten und Quellen zu suchen, die Auskunft über die kommunikativen Zwecke der Produktherstellung und -distribution geben sowie Rückschlüsse auf mögliche Sinnbezüge (= Referenz) der dargestellten Objekte und Ereignisse zulassen.
101 Vgl. hierzu grundlegend Schütz (2004) sowie Soeffner (1989).

nennt Mikos (2003: 73f.) die Operationen des Segmentierens (= Bestimmen von Sinneinheiten), Stratifizierens (Differenzieren von Ebenen der Sinnkonstitution), Nummerierens und Ordnens.

trAVis ist darauf ausgelegt, einen engen Zusammenhang zwischen Transkription (Protokollierung), Deskription und Analyse zu stiften, da es in und durch die Protokollierung und Analyse des Produkts in Segmente und Ebenen zugleich eine Visualisierung des Produkts und damit einen neuen Totalitätseindruck erzeugt (siehe Abschnitt 3.2). Dies gilt in spezifischer Weise für Bild-Text-Ton-Korrespondenzen auf vertikaler sowie suprasegmentaler Muster auf horizontaler Ebene, wie sie für audiovisuelle Produkte und insbesondere für Musikvideos kennzeichnend sind.

3.1.3 Interpretation

Die Interpretation dient der Verortung eines singulären kulturellen Artefakts bzw. medialen Produkts innerhalb des Gesamtzusammenhangs der dieses Phänomen hervorbringenden Kultur, wodurch die Existenz(weise) genau dieses singulären Falls nachvollziehbar werden soll.[102] Die Interpretation setzt an den vorherigen Schritten (T, D, A) insofern an, als sie »die Analysedaten in ihrer Funktion für die Bedeutungsbildung« (Mikos 2003: 91) als »systematisches Ganzes« (ebd.) beleuchtet und als solches in »Kontexte ein[...]ordnet« (ebd.). Mögliche, den Einzelfall erhellende Kontexte sind:

- theoretische Kontexte,
- Erkenntnisinteressen/Fragestellung,

---

102 Panofsky (1975) folgend stellt die Ebene der Interpretation (in Panofskys Modell die ikonologische Ebene) die höchste Stufe der Analyse i. w. S. dar, auf der der eigentliche Bedeutungsgehalt des infrage stehenden Produkts ermittelt wird. Zugleich folgt der auf diese Weise vollständig durchlaufene Dreischritt – folgt man der Interpretation Bätschmanns – dem klassischen Modell wissenschaftlicher Erklärung, innerhalb dessen der Ermittlung der Bedeutung (Ikonographie) der Status von Antezedenzbedingungen (oder: Motive bzw. subjektiver Sinn) und der Rekonstruktion spezifischer soziohistorischer Kontexte der Status von Gesetzeshypothesen (oder: historisch spezifischer Verhaltensregeln bzw. Sinnzusammenhänge) – zusammengenommen bilden diese beiden Aussagekomplexe das Explanans – und der Erfassung und Beschreibung der bildlichen Darstellung (im Sinne eines Feststellens von Tatsachen) schließlich der Status eines Explanandums zukommt (vgl. zfs. Bätschmann 2001: 68 ff.). Was bedeutet: Der Fall (= die bildliche Darstellung) wurde mit Hilfe der Angabe von Randbedingungen (Motive) und Gesetzeshypothesen (Kontexte) erklärt.

- soziokulturelle Kontexte, in denen das Produkt steht,
- ›Botschaft‹ und Stellenwert des Gesamtprodukts als Erzeugnis (objektiver/latenter Sinn),
- Position des Produkts in pop(ulär)kulturellen Feldern (›Clipästhetik‹, Pop, Audiovision, Genres und Stile, Œuvre etc.) und innerhalb kultureller Felder und Diskurse (etwa Verhältnis zur Hochkultur oder Geschlechterdiskurs) insgesamt.

Im Ganzen bedeutet der Wechsel von der Analyse zur Interpretation (Panofsky: von der Ikonografie zur Ikonologie) eine Umkehrung der Blickrichtung: Im Vordergrund steht nicht länger das Produkt in seiner einzelfallspezifischen Strukturiertheit als Monument, sondern der Stellenwert des Produkts als Dokument einer Kultur bzw. einer kulturellen Praxis sowie als Ausdruck einer Zeit oder Epoche (Dokumentsinn[103]). Auf diese Weise wird es als Symptom spezifischer kultureller Formationen (zeitlich/historisch, geographisch/kulturell, teil-/subkulturell etc.) versteh- und erklärbar.[104] Müller-Doohm (1997: 93) folgend zielt die Interpretation auf Sinnstrukturen verstanden als »Ebene latenter Strukturprinzipien« bzw. als »kulturelle Metasprache […], die in den symbolischen Gebilden – in Texten und Bildern – gleichsam unsichtbar spricht« (ebd.). Insofern zielt die Interpretation auf das, was Panofsky (1975: 40) die »eigentliche Bedeutung oder Gehalt« genannt hat.

3.2 Computer und Analyse. Zur Entwicklung der Web-Applikation trAVis

Die Analyse von Musikvideos krankt seit jeher an einer Untergewichtung der Bedeutung des Tons, was zur Folge hat, dass zwar verschiedene, teilweise sehr heterogene Versuche, die Musik in der Analyse zu berücksichtigen, existieren, ein einheitliches Analyseinstrumentarium bisher jedoch fehlt. Weder werden musikimmanente Strukturen respektive (popular)musikalische Kontexte in ausreichendem Masse berücksichtigt noch wird dem Umstand Rechnung getragen,

---

103 Der Terminus »Dokumentsinn« entstammt ursprünglich der Kultursoziologie Karl Mannheims (2004).
104 Unter Rekurs auf Panofskys Interpretations- und Erklärungsmodell fasst Bätschmann (2001: 70) diesen Perspektivenwechsel wie folgt: »Beschreibung und ikonografische Analyse geben sich mit dem Kunstwerk ab, fassen es als *Monument* auf, die Ikonologie beschäftigt sich mit dem Kunstwerk als *Dokument* für etwas anderes als es selbst. Dieses andere sind *zugrundeliegende Prinzipien* oder *Symptome*« (Herv. i. Orig.).

dass Musikvideos eigenen, mediengattungsspezifischen Strukturprinzipien folgen – häufig kommt es in der Forschung nur zu einer bloßen Adaption inhaltsanalytischer Verfahren aus der Film- und Fernsehforschung – und deshalb die Darstellungen in Musikvideos besondere Formen und Funktionen aufweisen. Diese Besonderheiten sind, wie in Abschnitt 2.2 angeklungen, in struktureller Perspektive zurückzuführen auf die kulturindustrielle Funktion der Clips und deren Verwurzelung in Konzepten audiovisueller Kunst sowie in inhaltlicher Sicht auf deren Orientierung an jugend(sub)kulturspezifischen Musik-, Sound- und Körperkulturen.

Ausgangspunkt des in den Jahren 2008 bis 2011 am Institut (seit 2012: Seminar) für Medienwissenschaft der Universität Basel durchgeführten Forschungsprojektes »Bild-Text-Ton-Analysen am Beispiel der Gattung Videoclip« war die Spezifizierung dieser besonderen Bauweise der Musikclips. Die tiefenscharfe Auseinandersetzung mit audiovisueller Kompositionalität sollte eine solide Grundlage für die Entwicklung eines gegenstandsangemessenen interdisziplinären Analyseinstrumentariums zur Interpretation von Inszenierungsformen in Clips geben, das dem eigentümlichen Bild-Text-Ton-Wechselverhältnis hinreichend (d. h. unter expliziter Berücksichtigung der Bedeutung des Tons) Rechnung trägt.

In der Folge standen drei Aufgabenbereiche im Mittelpunkt der Forschungstätigkeit: Erstens eine umfängliche Literatursichtung zu Theorie und Analysemodellen von Audiovision und Musikvideo sowie zur Analyse von populärer Musik; zweitens Erprobung der Analysemethode und kontinuierliche Weiterentwicklung des methodisch-didaktischen Leitfadens und drittens, Erfassung und Kategorisierung von Musikvideos sowie Durchführung mehrerer Fallanalysen. In zirkulärer Weise wurden die Ergebnisse in den verschiedenen Bereichen aufeinander abgeglichen.

Im Verlauf der Forschungstätigkeit liefen Problem- und Fragestellungen vermehrt in der einen Fundamentalfrage zusammen: Wie können die mannigfachen intermedialen Korrespondenzverhältnisse im Clip angemessen visualisiert werden? Die Frage der Angemessenheit bezieht sich auf den Tatbestand, dass Musikvideos extrem dicht konzipiert sind, was zur Folge hat, dass sich an einem bestimmten Punkt im Clip mehrere Bild-Text-Ton-Relationen zugleich abzeichnen können. Für eine analytisch-interpretative Behandlung des Musikvideos ist eine vollständige Transkription dieses Relationsgefüges unentbehrlich. Ferner zeigten die Fallanalysen in aller Deutlichkeit auf, dass Musikvideos in ihrer ästhetischen Konzeption äußerst disparat erscheinen. So greifen sie auf ein unermessliches kulturelles Reservoir audiovisueller Inszenierungsstrategien zurück. Während im einen Clip Narration im Vordergrund steht, entbehrt ein anderer jeglicher Handlungselemente und setzt ausschließlich auf grafisch-abstrakte Effekte, wieder ein anderer zeigt die Performance einer Band. Hinzu kommt die Fülle an stilistischen Figurationen in der Musik selbst. Das einzelne Musikvideo angemessen zu transkribieren und zu analysieren bedeutet demnach auch, die Fallspezifik deutlich herauszustellen. Dies setzt voraus, dass den Analysierenden die Möglichkeit eröffnet wird, auf ein umfassendes Arsenal an Visualisierungskonzepten zurückzugreifen.

Angesichts solch weitreichender Anforderungen an die Analysemethode stellte sich die richtungsweisende Frage, welche Plattform hierfür am besten geeignet sei – mit anderen Worten: Sollte eine analoge oder eine digitale Umsetzung forciert werden? Diesbezüglich sind die Forschenden zu der Einsicht gelangt, dass ein computerbasiertes Verfahren die Qualität des Analyseinstrumentariums in beachtlicher Weise steigern würde. Dies bezieht sich auf instrumentelle Aspekte wie die Bereitstellung umfänglicher Visualisierungskonzepte, aber auch auf arbeitstechnische Aspekte wie Übersichtlichkeit und Arbeitseffizienz. Das Ansinnen einer weitergehenden digitalen Umsetzung speiste sich zudem aus der Erkenntnis, dass die existierenden Analyseprogramme zum Audiovisionsbereich nur von begrenztem Nutzen für musikbasierte Formate sind. Eine Software, die gleichzeitig den Perspektivierungsansätzen von Musikwissenschaft und Film/-Medienwissenschaft entspricht, war und ist auf dem Markt schlichtweg nicht vorzufinden – zu verdeutlichen an folgenden Programmen:

- *AKIRA III:* Das Programm verbindet die Funktionen eines Präsentations- und eines Analysetools und macht Filme auf einer analogen Zeitleiste, deren Intervalle individuell eingestellt werden können, bildgenau sicht- und bearbeitbar und erleichtert damit die Erstellung von Schnittprotokollen.
- *CatMovie 4:* Dieses Tool ist dazu geeignet, Video- oder Ton-Dateien mit einem SPSS-Datenbanksatz zu verknüpfen und damit Kodierungsarbeiten in der sozialwissenschaftlichen Forschung zu vereinfachen. Es ermöglicht lediglich die inhaltliche Aufarbeitung und die statistische Auswertung des Datenmaterials.
- *shotlogger:* Hierdurch wird die Analyse der visuellen Bauweise von Film- und Fernsehmaterial erleichtert. Das Programm erstellt Einzelbilder der Einstellungen und einen Zeitcode zur Messung der Dauer der jeweiligen Einstellung. Auf Basis der Einstellungsdauer können verschiedene Statistiken für die einzelnen Sequenzen und für das gesamte Filmmaterial generiert werden.
- *Cinemetrics:* Dieses Programm entspricht in seinen Grundzügen dem vorgenannten. Es lassen sich jedoch keine Standbilder integrieren. Cinemetrics ist als Offline-Version für Windows und als Online-Version frei erhältlich.

- *Videograph:* Hierbei handelt es sich um einen Multimedia-Player für Windows, mit dem digitalisierte Videos oder Audios abgespielt und gleichzeitig ausgewertet werden können. Im Programm können Beobachtungskategorien und Ratingskalen konstruiert werden, die als Messinstrument zur Analyse der dargebotenen Inhalte dienen. Parallel zur synchronen Kodierung des Materials werden die Daten zur statistischen Auswertung oder Präsentation grafisch abgebildet und extern übertragen, so dass sie in externen Programmen wie SPSS oder Excel weiterbearbeitet werden können. Mit Videograph können wahlweise auch Transkriptionen des sprachlichen Inhalts angefertigt werden.
- *Transana:* Das Programm bietet vielfältige Möglichkeiten der Transkription von audiovisuellen und rein auditiven Materialien. Der Nutzer kann Auffälligkeiten des Materials markieren, Schlüsselbegriffe den jeweiligen Video-Dateien zuordnen, Bearbeitungen am Clip vornehmen, Themen-Ordner erstellen und Materialien versenden. Transana bietet sich vor allem für Gesprächsanalysen an.
- *INTERACT* und *Soundalyzer* (Mangold international): INTERACT ist eine Transkriptions- und Analysesoftware, welche die Möglichkeit der Segmentierung und Sequenzierung von Videomaterial bietet. Hinzu kommt eine Statistik-Funktion, mit deren Hilfe die eingetragenen Beobachtungen in graphischer Weise ausgewertet werden können. Bei Soundalyzer handelt es sich um eine Software zur Identifikation von akustischen Ereignissen, d. h., sie ist in der Lage, Geräusche in Langzeitaufnahmen automatisch zu markieren. Dabei kann sie zwischen Umweltgeräuschen und längeren Verbalisierungen (einer Person) unterscheiden.
- *atlas.ti:* Ähnlich wie im Fall von Transana lassen sich mit diesem Programm Auffälligkeiten eines audiovisuellen Medienprodukts markieren und (mehrschichtige) Segmentierungen vornehmen. Die markierten Stellen können bestimmten Codes zugewiesen werden. Wie im Fall von INTERACT können diese nach Eingabe eines Code-Index ausgewertet und grafisch dargestellt werden. Darüber hinaus ist es möglich, Materialausschnitte, Bedeutungsfelder und Deutungsansätze in einer Art Mind Map zu verknüpfen. Die Tonspur wird in Wellenform abgebildet, was zur Folge hat, dass ein differenzierter Einblick in die klangstrukturelle Verfasstheit der tonalen Ereignisse (z. B. Rhythmik, Melodik) nicht möglich ist.
- *Feldpartitur:* Hierbei handelt es sich um ein System zur Transkription im Bereich der qualitativen Sozialforschung. Wie der Name andeutet, wird der Schwerpunkt auf die differenzierte Wiedergabe von (filmischen) Feldauf-

nahmen gelegt. Auf Grundlage einer Vielzahl vorgegebener Grafiksymbole lassen sich die aufgenommenen Handlungen bzw. Handlungsdynamiken in diagrammatischer Weise, angepasst an eine Zeitleiste, rekonstruieren.

Die Bestandsaufnahme der computergestützten Analysepraxis machte in unzweifelhafter Weise deutlich, dass die Integration von Bild, Text und Musik innerhalb eines Musikvideos der Entwicklung eines gänzlich neuen Analyseverfahrens bedurfte. Die entscheidenden Impulse hierfür konnten der musikalischen Praxis selbst entnommen werden, genauer: der Praxis musikalischer Ton- bzw. Medienproduktion. Doch waren sich die Forschenden diesbezüglich der bislang problematischen Geschichte von Tertiärmedien und Musikanalyse gewahr. Schließlich haben die Tertiärmedien (Audio und Audiovision) einen entscheidenden Beitrag zur Ausdifferenzierung hybrider Populärkulturen geleistet, die mit musiktheoretischen Begrifflichkeiten allein nicht hinreichend erklärt werden können. Dem galt es jedoch entgegenzuhalten, dass die Tertiärmedien dann eine Chance für die Musikanalyse darstellen, wenn man reflektierend in die Produktionspraxis eintritt und sich der Funktionalität der Produktionsmedien annimmt. Repräsentativ für dieses Vorgehen war respektive ist das folgende Frageverständnis: Welche visuellen und haptischen Hilfsmittel stehen eigentlich den Produzierenden zur Verfügung, um den Song oder den Clip nach bestimmten ästhetischen Vorstellungen zu gestalten?

Wichtige Antworten hierzu eröffnet die seit den 1990er Jahren in großen Schritten voranschreitende Digitalisierung bzw. Computerisierung von Musikproduktion. Charakteristisch für die ›digitale Wende‹ ist, dass die Musikinstrumente mehr oder weniger direkt an den Computer gekoppelt wurden. Hierdurch konnte ebendieser als Kompositions- und Arrangier-Werkzeug in den Mittelpunkt des Musikstudios rücken (vgl. Stange-Elbe und Bronner 2008: 319). Bezeichnend für die ›digitale Wende‹ ist nach Christoph Hempel ebenso, dass »das Prinzip der vertikal getrennten Schichten und der horizontalen Aufnahmeabschnitte (*take, pattern* oder *part* genannt [Herv. i. Orig.]) analog auf dem Bildschirm dargestellt [wurde]: Was vorher auf dem Band unsichtbar vorhanden war und erhebliche Arbeitsdisziplin, Dokumentation auf Papier und Umspularbeit erforderte, lag jetzt sichtbar und sofort verfügbar vor dem Mann am Pult« (Hempel 2011: 82, siehe außerdem Schneider 2009: 521ff.). Einen weiteren entscheidenden Entwicklungsschritt markiert die Umwandlung musikalischer Handlungen bzw. Ereignisse in MIDI-Signale. Eine Folge hiervon ist die Synchronisierung der eingespielten oder programmierten Tonspuren mit dem Metrum des jeweiligen Stückes. Schließlich gehören noch Editor-Funktionen zum Standardrepertoire von modernen Musikbearbeitungsprogrammen. Mit ihrer Hilfe lassen sich die in einem Pattern zusammengefassten Informationen (MIDI und Audio-Wellen) in vielfältiger Art und Weise bearbeiten. Alles zusammengenommen wird deutlich: Das klangliche Endprodukt existiert auf dem Bildschirm in Form von blockartigen Sequenzierungen sowie, gewissermaßen eingelagert in diese Sequenzierungen, musikalischen Einzelereignissen oder Ereignisverläufen, die mit einer horizontal verlaufenden Taktleiste synchronisiert sind.[105]

Das komplexe Über- und Nebeneinander der Patterns ermöglicht einen multiperspektivischen Einblick in die Konfigurationslogik des Stücks bzw. der Produktion. Wichtig zu erwähnen ist in diesem Zusammenhang, dass es dem Produzierenden überlassen bleibt, wie viele Patterns er generiert. So muss er einen bestimmten Formteil (z. B. Refrain) nicht nur einem Pattern zuordnen; er kann den Formteil, sofern es ihm sinnvoll und der Übersichtlichkeit dienlich erscheint, in mehrere Abschnitte unterteilen. Letzten Endes trifft der Produzierende Entscheidungen, die jenen des Analysierenden durchaus ähnlich sind. Denn auch dieser muss Strukturen identifizieren, die ihm einen Zugang zur Konfigurationslogik des gesamten Stücks verschaffen.

Ähnlich verhält es sich mit audiovisuellen Produkten bzw. Produktionen. Auch hier hat die Digitalisierung bzw. Computerisierung zu einer Standardisierung (hier: der Postproduktion) im Sinne einer Pattern-basierten Sequenzierung mit Editor-Funktionalität geführt. Beispielhaft hierfür sind Programme wie Final Cut Pro und Media100. In Bezug auf die Folgen digitaler Verfahrensweisen stellt Sebastian Richter fest: »Im Bereich der Postproduction war zunächst der Filmschnitt von der Umstellung auf digitale Technologien betroffen, wo der digitale Schnitt die Anordnung des Bildmaterials auf der Zeitachse stark vereinfacht hat« (Richter 2008: 35). Susanne Weingarten konstatiert gar, dass sich die Filmkunst angesichts digitaler Bildgestaltung in Richtung »grafische[r] Kunst« (Weingarten 2008: 223) entwickelt habe. Weingarten führt weiter aus: »Dass digitale Bilder auf nichts als immateriellen, rein mathematischen Datenkolonnen beruhen, bedeutet nicht zuletzt, dass sie per Rechnerbefehl potenziell unendlich manipulierbar, wandelbar und kombinierbar sind – dies eben ist die bild-

---

105 Hinzu kommen noch Plug-ins zur Soundgestaltung (EQ, Kompressor, Mastering sowie (virtuelle) Instrumente und Effektgeräte). Die Veränderung klanglicher Parameter wird in diesen in Form von Drehregler-/Fader-Einstellungen, Hüllkurven, Lichtsignalen, Spektrum-Analysatoren etc. optisch wiedergegeben.

nerische Arbeit, die neue Möglichkeiten der filmischen Darstellung erschließt« (ebd.: 224).

Eine Auflistung der genuinen Eigenschaften der digitalen Bildgestaltung findet sich bei Barbara Flückiger. Die Liste umschließt im Einzelnen die Punkte

- Modularität der einzelnen Datenpakete, welche die Bildinformationen enthalten,
- äquidistante Organisation der Informationen mit Direktzugriff,
- universelle Verfügbarkeit mit Transmission (Einspeisung in verschiedene Mediensysteme) und Transformation (Bildbearbeitung oder Wandlung),
- Synthese aus digitalen Daten, die unabhängig davon funktioniert, ob diese Daten durch Aufzeichnung einer physikalischen Ausgangsstruktur, durch zeichnerische Nachbildung oder durch Modellieren einer imaginären Welt gewonnen werden,
- Programmierbarkeit, welche ein Set von Handlungsanweisungen bezeichnet, die auf die Ausgangsdaten angewendet werden sollen,
- deutlich geringere Qualitätsminderung durch mehrfaches Kopieren und Zusammenfügen als in analogen Verfahren (vgl. Flückiger 2008: 191).

Vereinfachung und Vereinheitlichung bei gleichzeitiger Vervielfachung der Gestaltungsmittel sind hiernach die Stichworte, die die kulturelle Sprengkraft dieses medientechnologischen Entwicklungsschritts erklärlich machen. Flückiger geht in der Folge argumentativ einen Schritt weiter und reflektiert die ›digitale Wende‹ aus ästhetischer Perspektive, wobei sie sich konkret auf die Technik des Cut-and-Paste bezieht, die ihrer Auffassung nach als Grundprinzip zeitgemäßer kultureller Produktion zu erachten sei. Demnach entstehen heutzutage Filme, Nachrichtensendungen, Websites, Schriften, Musikstücke etc. »immer mit der Option, Teile zu verdoppeln, zu verschieben, neu anzuordnen oder zu modifizieren« (ebd.: 192).

Wenn man nun die gegenwärtige Praxis von Film- und Musikbearbeitung als Vorbild für die Entwicklung eines integrierten Analysetools erachtet, erscheint die Berücksichtigung eines Aspekts von fundamentaler Wichtigkeit: die Synchronisierung von bildlichen, textlichen (d. h. gesanglich-sprachlichen) und musikalisch-klanglichen Ereignissen. Musikprogramme arbeiten i. d. R. mit beidem, Takt- und Zeitleiste, Filmprogramme jedoch nur mit Letzterem. Es muss also das Ziel sein, die relative musikalische Sinneinheit Takt(art) auf die absolute Bezugsgröße Zeit(verlauf) zu beziehen, so dass jedwede Korrespondenz zwischen einem musikalischen Einzelereignis und einem Bildereignis offengelegt werden kann. Dabei gilt es das oben genannte Prinzip der Äquidistanz aufrechtzuerhalten – andernfalls gäbe man die bild-, text- und klangstrukturellen Relationen in einem Clip verzerrt wieder.

Die Folgen des Äquidistanz-Prinzips sind weitreichend – vor allem im Hinblick auf die Transkription der Musikebene, für die prinzipiell vier Darstellungsoptionen in Betracht gezogen werden können: 1. MIDI-Matrix, 2. Spektogramm, 3. Hüllkurvenansicht (auch: Wellenform) und 4. westliche Musiknotation. Alle vier Optionen zeichnen sich durch je spezifische Visualisierungslogiken aus, die ihrerseits Vor- und Nachteile für eine Clip-Analyse in sich bergen. Zudem korrelieren sie auf unterschiedliche Art und Weise mit dem Äquidistanz-Prinzip.

Die drei erstgenannten Optionen erscheinen aus mehreren Gründen problematisch. So können alle drei im Bereich der Wissenschaften noch nicht im Sinne einer Standardvisualisierung von Musik bewertet werden. Das bedeutet, dass sie nur von einer kleinen Gruppe von Experten, die tagtäglich mit ihnen hantieren, schnell und richtig ›gelesen‹ werden können. Speziell das Spektrogramm betreffend ist zu monieren, dass sich aus ihm nur unzureichend Aussagen über die Tonalität der Musik (dies betrifft v. a. Diastematik und Harmonik) generieren lassen. Sein Nutzen besteht vielmehr in der Visualisierung rhythmischer und mikrotonaler Strukturen. Bei der Hüllkurvenansicht wiederum werden nahezu alle klangstrukturellen Parameter ausgeklammert, was nicht weiter verwundert, da eine Hüllkurve im Wesentlichen die Lautstärkenverhältnisse einer Tonspur wiedergibt. Dem Betrachter einer solchen Kurve erschließt sich die Strukturiertheit eines Musikstückes als eine sequentielle Ordnung energetischer Impulse. In Bezug auf die MIDI-Matrix ist besonders die vertikale Dimension (Tonhöhe) als problematisch zu erachten. Die standardmäßige Aufschichtung über mindestens sieben Oktaven würde über Gebühr den Bildschirmausschnitt ausfüllen. Der Überblick über die Gesamtheit der transkribierenden Materialebenen bzw. -eigenschaften wäre also erschwert. Insgesamt zeigt sich, dass die Nachteile von Spektogramm, Hüllkurvenansicht und MIDI-Matrix weniger im Prinzip der Äquidistanz begründet sind – sie entstammen ja ohnehin äquidistant organisierten Musikbearbeitungsprogrammen –, als in den Aspekten der Lesbarkeit und funktionalen Integrierbarkeit.

Nach diesen Überlegungen scheint es, als bilde die westliche Notationsschrift die einzig veritable Transkriptionsmöglichkeit. An ihr überzeugt zunächst auch, dass sie eine weithin akzeptierte und praktizierte Form der Visualisierung von Musik darstellt. So sind nicht nur professionelle Musiker oder Musikwissenschaftler in der Lage, Noten zu lesen und schreiben, sondern auch musikalische Laien, die einst mit einem Musikinstrument und den entsprechenden Spielanleitungen in Berührung gekommen sind. In diesem Sinne erhöht sich auch unter Nicht-Musikwissenschaftlern die Wahrscheinlichkeit einer Vorschulung in Fragen des Erstellens und Entzifferns von Musiknotationen. Als problematisch ist im Fall der Notenschrift das Prinzip der Äquidistanz anzusehen. Bezeichnend für die westliche Musiknotation ist gerade, dass sie nicht in gleich langen Teilabschnitten organisiert ist. Bemerkbar macht sich dies zum einen im ersten Takt eines Notenbildes. Notenschlüssel, Taktartangabe, Vorzeichen markieren den Beginn des Taktes; das erste klangliche Ereignis und das erste Zeichen im Takt sind demnach nicht äquivalent. Zum anderen werden i. d. R. Takte mit wenigen Noten gestaucht. Die westliche Notationsschrift zeichnet sich somit durch eine Diskrepanz zwischen Darstellungslogik und klangstruktureller Organisationslogik aus. Diese Diskrepanz galt es im Zuge der Entwicklung der Web-Applikation *trAVis* zu überwinden. Eine Anstrengung, die angesichts nur unzureichender Alternativen lohnenswert erschien.

Im Ganzen war für die Forschenden die Zielvorstellung maßgeblich, audiovisuelle Medienprodukte wie das Musikvideo in ihrer *gesamten* materiellen Beschaffenheit in angemessener und arbeitsökonomisch sinnvoller Weise beschreiben zu können. Die Aufgabe von Analyse wurde und wird darin gesehen, ein Medienprodukt in seinem Zustandekommen als potenziell reizvolles Wahrnehmungsangebot zu rekonstruieren, und zwar von der Personenhandlung vor der Kamera über Schnitte und Einstellungsgrößen bis hin zu textlichen Inhalten, stimmlichen Vollzügen und instrumentalen Arrangements. Es wird eine integrative Vorgehensweise angestrebt, die den Transkriptionsvorgang an Prozesse der Analyse und Interpretation koppelt. Als integrativ erweist sich ebenso der Umstand, dass sich der analytische Blick nicht allein auf das Produkt kapriziert. So wird durch *trAVis* auch die Wirklichkeitssphäre der Produktion (im Sinne von produktionsästhetischen Rahmenbedingungen (Stichwort: Pattern-Struktur)) eingefangen und rekonstruierbar gemacht. Die analytische Tiefenschärfe richtet sich dabei an der ›DNA‹ eines Medienprodukts aus, also an den kleinstmöglichen Repräsentationseinheiten (Frames, Zweiunddreißigstelnoten, Silben/Laute). Das Teilanliegen der Interpretation verweist seinerseits darauf, dass auch die kulturellen (Trans-)Formationsprozesse, in denen ein audiovisuelles Medienprodukt seine Bedeutung erhält, Eingang in das Programm finden mussten. Welches Design und welche Funktionen aus diesen Zielvorgaben erwuchsen, soll im folgenden Kapitel anhand einer Fallanalyse dargelegt werden.

4 Computergestützte Fallanalyse

4.1 Auswertungsinstrument und Gegenstand

4.1.1 trAVis. Musikzentriertes Transkriptionsprogramm für audiovisuelle Medienprodukte – Kurzbeschreibung

Die Web-Applikation *trAVis* wurde im Rahmen des durch den Schweizerischen Nationalfonds (SNF) geförderten Projekts »Bild-Text-Ton-Analysen am Beispiel der Gattung Videoclip« am Institut für Medienwissenschaft der Universität Basel unter der Leitung von Klaus Neumann-Braun konzipiert und realisiert.[106] Ziel des Projekts war die Entwicklung eines interdisziplinären Analyseinstruments für audiovisuelle Medienprodukte, das eine gegenstandsangemessene Transkription und Analyse der spezifischen Formen der Verschränkung filmischer, tonaler und musikalischer Elemente ermöglicht (siehe Abschnitt 3.2). Folglich waren zwei Aspekte von besonderer Relevanz: Erstens die Berücksichtigung der zentralen Bedeutung und Funktion der Musik, die bisher gerade in (medien)soziologischen Ansätzen stark vernachlässigt wurde; zweitens die Möglichkeit der angemessenen Visualisierung der mannigfachen intermedialen Korrespondenzverhältnisse in derartigen audiovisuellen Medienprodukten. Als besonders geeignete Analyseobjekte erscheinen zum einen das Musikvideo (siehe Abschnitt 2.1), da dieses explizit auf einem Musikstück basiert, welches unabhängig von den Bildereignissen existiert, und zum anderen audiovisuelle Kurzformate wie der Werbespot oder der Web-Clip, da sich diese aufgrund ihrer Kürze forschungsökonomisch entsprechend detailliert analysieren lassen. Darüber hinaus bieten sich ebenso Sequenzen aus längeren audiovisuellen Formaten wie Film, Fernsehserie oder Talk-Show als Analysegegenstand an.

trAVis (*Tr*anskription *A*udio*vis*uell) ist ein musikzentriertes Transkriptionsprogramm für audiovisuelle Medienprodukte, das bildbezogene und texthermeneutische Ansätze mit musikwissenschaftlichen Zugängen verbindet. Mit *trAVis* kann das komplexe Zusammenspiel von Bild, Text und Ton/Musik interdiszipli-

---

[106] Projektmitarbeiter waren Christofer Jost, Daniel Klug, Axel Schmidt und Armin Reautschnig (extern), der als Informatiker vor allem die technische Umsetzung verantwortete.

när transkribiert, analysiert und vor allem auch ganzheitlich visualisiert werden. Die Besonderheit liegt dabei in der Berücksichtigung von musikimmanenten Strukturen wie auch von musikkulturellen Kontexten. Grundsätzlich ermöglicht *trAVis* die Darstellung der jeweiligen besonderen Beschaffenheit der unterschiedlichen Materialebenen (Bild, Text, Ton) in Form einer sinnvoll vorstrukturierten Transkription. *trAVis* versteht sich daher als Weiterentwicklung und Integration materialspezifischer Anwendungen wie z. B. reiner Musikanalyseprogramme.

trAVis ist als kostenlose, frei zugängliche[107] und über das Internet nutzbare Web-Applikation konzipiert (www.travis-analysis.org). Zum einen bietet *trAVis* die Möglichkeit, sehr detaillierte Transkriptionen zu erstellen und dadurch dem Anspruch einer Visualisierung des Gesamtprodukts gerecht zu werden, zum anderen kann *trAVis* gleichermaßen zur Transkription und Analyse von z. B. Ausschnitten aus Fernseh- und Filmformaten oder ethnographischen Aufnahmen eingesetzt werden, vor allem wenn einzelne Segmente oder Szenen untersucht werden sollen. Hierfür stellt *trAVis* die grundlegenden Analysekategorien Bild, Text und Ton/Musik bereit und bietet zudem umfangreiche, ergänzende Visualisierungsmöglichkeiten (Zeichenelemente, Ansichtsfunktionen etc.) an. Die erstellten Transkripte können exportiert und somit verschiedenartig präsentiert werden. Darüber hinaus ermöglicht die Programmstruktur die Vernetzung der Forschenden. *trAVis* kann aufgrund der interdisziplinären Konzeption und des Vernetzungsgedankens von Wissenschaftlern unterschiedlicher Teildisziplinen wie auch von Nicht-Wissenschaftlern genutzt werden.

4.1.2 Programm-Management

Neben der reinen Transkriptionsfunktion bilden die Vernetzung von Forschenden unterschiedlicher Disziplinen sowie die Präsentation der Analyseergebnisse zwei Kernaspekte, durch die *trAVis* eine elaborierte Forschungsarbeit garantiert. Im Anschluss an das Anlegen eines persönlichen Profils (privat oder öffentlich) können Projekte (öffentlich, teilöffentlich oder privat) erstellt und verwaltet sowie Berechtigungen an andere Nutzer verteilt werden. Somit wird zum einen ein ortsunabhängiges, transdisziplinäres Arbeiten mehrerer Forschender an einem Analysegegenstand sowie der Austausch von Forschungsergebnissen

---

107 *trAVis* ist als Open-Source-Projekt konzipiert und unter der GNU Affero General Public License (AGPL) registriert.

gewährleistet. Zum anderen verfügen die Nutzer durch das Zuteilen von Berechtigungen und der ständigen automatischen Sicherung sensibler Daten jederzeit über die Kontrolle der eigenen Forschungsergebnisse und der laufenden Projekte. Die erstellten Projekte, das jeweils analysierte Video und die Berechtigungen des Nutzers am Projekt werden in der »Projektliste« angezeigt, die sich in »Meine Projekte« (die vom angemeldeten Benutzer erstellten Projekte), »Meine Mitarbeitsprojekte« (von anderen Nutzern erstellte Projekte, in denen der angemeldete Benutzer über zugeteilte Berechtigungen verfügt) und »Öffentliche Projekte« (von anderen Nutzern erstellte Projekte, die auch für nicht registrierte/ angemeldete Nutzer zugänglich sind) untergliedert. Die Projektliste gibt somit erstens über die Funktionen »Öffnen« (Ansehen/Bearbeiten des Projekts im Analysefenster), »Exportieren« (Drucken und Speichern des Projekts), »Bearbeiten« (Verwalten von Projekteigenschaften, Benutzergruppen und Projektmitarbeitern), »Löschen« (Löschen des aktuellen Projekts) und »Mitarbeit beenden« (Mitarbeit in einem fremden Projekt beenden) eine klare Arbeitsstruktur wieder, zweitens sind die Vernetzungen des eigenen Profils ersichtlich.

Selbiges gilt für die »Clipliste«, die unterteilt ist in »Meine Clips« (alle Clips, die vom angemeldeten Benutzer erstellt wurden), »Verwendete fremde Clips« (alle Clips, die von anderen Benutzern erstellt wurden und vom angemeldeten Benutzer verwendet werden) und »Öffentliche Clips« (alle Clips, die von anderen Benutzern öffentlich zugänglich gemacht wurden).

Beide Listen sind miteinander synchronisiert, so dass beim Erstellen eines neuen Projekts bereits gelistete Videos gewählt oder neue Videos hochgeladen werden können, die dann gleichermaßen in der Clipliste erscheinen. Durch diese Listenstruktur kann z. B. ein identischer Videoclip in mehreren Projekten analysiert und spätere Ergebnisse entsprechend verglichen werden. Ebenso ist über die Funktion »Zu den Projekten« in der Clipliste ersichtlich, welche Videos in welchen und in wie vielen Projekten verwendet werden.

Zur Kontrolle der eigenen Daten und Ergebnisse sowie zum internen Austausch können in *trAVis* Videoclips ebenso wie Projekte für unterschiedliche Benutzergruppen freigegeben oder nur vom Ersteller selbst genutzt werden. Über die Funktion »Verwalten« kann der Ersteller in der Projektliste die grundlegenden Berechtigungen »Ansehen« (berechtigt, alle Ansichtsfunktionen in einem Projekt zu nutzen), »Bearbeiten« (berechtigt, alle Bearbeitungsfunktionen eines Projekts zu nutzen und das transkribierte Material zu verändern) und »Exportieren« (berechtigt, das Projekt im PDF-Format zu exportieren und lokal zu speichern) zuteilen. Ferner können den Benutzergruppen »Gäste« (alle nicht registrierten und nicht angemeldeten Benutzer), »angemeldete Benutzer« (alle

Benutzer, die sich mit ihrem Profil angemeldet haben) und »Projektmitarbeiter« (ausgewählte registrierte Benutzer, die eine Berechtigung für ein Projekt erhalten haben) zugeteilt werden. Diese Verwaltungsinstrumente ermöglichen gerade im gemeinsamen Analyseprozess mehrerer Forschender aus unterschiedlichen Teildisziplinen eine strukturierte und zielführende Transkription und Präsentation des Analysegegenstands und ein sicheres Arbeiten mit sensiblen Daten.

Als »Administrator« eines Projekts kann ein Nutzer Mitarbeiter hinzufügen und entfernen. Prinzipiell können alle registrierten Nutzer mit einem öffentlichen Profil zu einer Mitarbeit eingeladen werden, so dass – wiederum über das Verwalten der Berechtigungen – die Basis für eine selektive Projektzusammenarbeit je nach Analysebedarf geschaffen ist.

Alle Eingaben und Transkriptionsvorgänge eines angemeldeten Nutzers werden in *trAVis* automatisch gespeichert, so dass eine maximale Datensicherung gegeben ist. Projekte können zudem über die Export-Funktion (siehe Abschnitt 4.3) als PDF-Dokument lokal gespeichert und für Veröffentlichungen und Präsentationen adäquat weiter verwertet werden.

4.1.3 Analysegegenstand

Das ›klassische‹ Musikvideo ist der zentrale Analysegegenstand, welcher der Konzeption und Entwicklung von *trAVis* zugrunde lag. Wie oben erwähnt, können mit *trAVis* auch andere audiovisuelle Kurz- und Langformate, wie z. B. Werbespots, Web-Clips und Filmsequenzen, transkribiert und analysiert werden. Musikvideos gelten jedoch als in spezifischer Weise verdichtete und reichhaltige Formen der Verschränkung filmischer, tonaler und musikalischer Elemente. Das Musikvideo kann folglich als paradigmatischer Fall der technik- bzw. apparatbasierten Verbindung von Bild, Text und Ton/Musik angesehen werden und lässt somit die Frage einer gegenstandsangemessen Transkription und Analyse von AV-Produkten in besonderer Weise als virulent erscheinen (siehe Kapitel 2).

Dies zeigt sich exemplarisch anhand des für die vorliegende Fallanalyse gewählten Musikvideos *Californication* (Regie: Jonathan Dayton und Valerie Faris) der US-amerikanischen Rockband Red Hot Chili Peppers. Das 5:28 Minuten dauernde Musikvideo hatte am 5. Juni 2000 Premiere und wurde mehrfach prämiert (MTV Music Video Awards 2000/Kategorien: »Best Direction in a Video«, »Best Art Direction in a Video« sowie Much Music Video Award 2000/Kategorie: »Best International Group Video«).

Das Musikvideo zu *Californication* ist eine besondere Form der Vermischung von situativen, narrativen und performativen Darstellungen. So bestehen die Bildereignisse größtenteils aus computeranimierten Landschaften, die im Stile unterschiedlicher Level eines Plattformspiels (›Jump'n'run‹) gestaltet sind und einen wesentlichen Bestandteil des simulierten Spiels ›Californication‹ darstellen. Die parallel visualisierte Darbietung des Musikstücks durch die realen Bandmitglieder wird in Anlehnung an die nachgestellte Funktionalität eines Videospiels durch ein minimiertes Bild-im-Bild als Teil der Steuerungs- und Hilfsinstrumente der Spieloberfläche in die Darstellungswelt des Clips integriert. Nicht zuletzt aufgrund dieser Konzeption weisen die Bildereignisse der Computerspielwelten kaum Elemente der Montage auf, was für Musikvideos und deren charakteristische Synchronisation der Bilder zum Rhythmus der Musik relativ untypisch ist und einen entsprechenden analytischen Blickwinkel ausschließt. Der Clip erscheint folglich als lohnenswerter Gegenstand für eine flexible Form der methodischen Annäherung wie sie *trAVis* gewährleistet.

4.1.4 Programmoberfläche

Über den Menüpunkt »Bearbeiten« in der Projektliste wird das eigentliche Transkriptions- und Analyseinstrument *trAVis* gestartet. Sind die Berechtigungen derart zugeteilt, dass dem Nutzer lediglich die Ansichtsfunktionen zur Verfügung stehen, so wird die Projektansicht über die Funktion »Ansehen« geöffnet. Je nach Berechtigungsmodus (siehe Abschnitt 4.1.2) stehen dem Nutzer Ansichtsfunktionen, Bearbeitungsoptionen und Exportmöglichkeiten zur Verfügung. Abbildung 4.1 zeigt die Programmoberfläche in ihren sieben Grundsegmenten: Videofenster, Stammdaten, Analysekategorien, Analysefenster, Maßstab-Funktion, Zeichenelemente und Kontextfelder.

a. Videofenster

Im Bereich des Videofensters wird der ausgewählte Clip abgespielt und gesteuert (siehe Abb. 4.2). Der Positionsanzeiger verortet die aktuelle Position in den Einheiten Minuten (mm), Sekunden (ss), Frames (ff) und Millisekunden (mss) framegenau im Bereich des Analysefensters. Im Sinne einer exakten Transkriptionsarbeit ermöglicht die ›Springe zu‹-Funktion das Spulen des Videos um +1/−1 der jeweiligen Einheit sowie das einfache Wechseln zwischen zwei Punkten des Clips. Einzelne Phänomene lassen sich durch Markieren eines Zeitbe-

Schließen Ausgeben Rückgängig Wiederherstellen
Œuvre
Genre
Bedeutungsfelder
Bild
Text
Ton
Aktuelle Position:
Springe zu
Clip-Stammdaten
Bearbeiten
Analysekategorien
Bild
Text
Ton
Maßstab anwenden

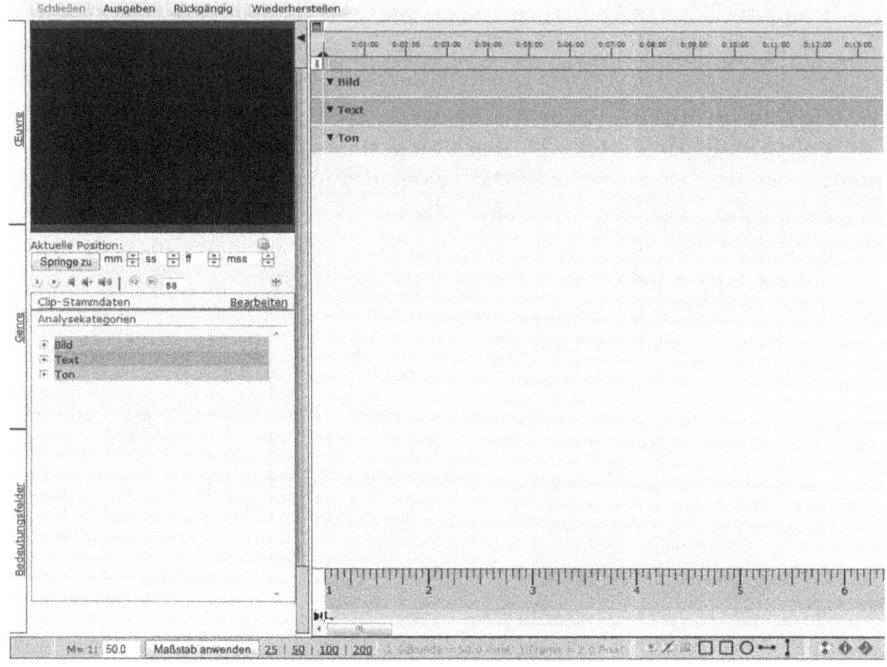

Abbildung 4.1 Leere Programmoberfläche (mit generierter Taktleiste)

Aktuelle Position: 02:17:00:(000)
Springe zu
02 17 00 000

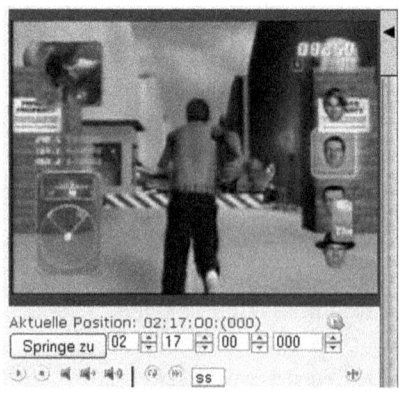

Abbildung 4.2 Videofenster

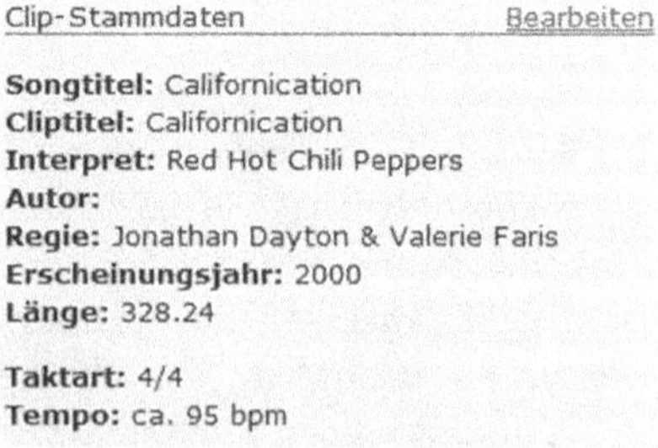

Clip-Stammdaten
Bearbeiten
Songtitel: Californication
Cliptitel: Californication
Interpret: Red Hot Chili Peppers
Autor:
Regie: Jonathan Dayton & Valerie Faris
Erscheinungsjahr: 2000
Länge: 328.24
Taktart: 4/4
Tempo: ca. 95 bpm

Abbildung 4.3 Stammdaten

reichs und mittels der Loop-Funktion detailliert erfassen. Zusätzlich kann ein Zeitwert für den automatischen Versatz des Loops gewählt werden, um z. B. transkribierte Zusammenhänge abschließend zu prüfen.

Der Videoplayer läuft stets im Analyseprozess mit, was eine konstante Abstimmung zwischen Transkript und zu transkribierendem Phänomen ermöglicht. Zudem ist über das Videofenster innerhalb der gleichbleibenden Programmoberfläche fortwährend die reine Abspielmöglichkeit gegeben, sowohl in Bezug zum erstellten Transkript als auch unabhängig von diesem.

b. Stammdaten

Die Stammdaten listen jene videographischen (Songtitel, Cliptitel, Interpret, Autor, Regie und Erscheinungsjahr) und musikalischen Daten (Länge/Dauer, Taktart und Tempo) auf, die beim Erstellen des Videos angegeben wurden. Dies ermöglicht sowohl einen einfachen und schnellen Zugriff auf die beim Anlegen eines Videoclips getätigten Eingaben als auch deren unkomplizierte Anpassung bzw. Verbesserung während des Transkriptionsprozesses. Für die genaue Bestimmung der musikalischen Daten (v. a. Tempo) ist es ratsam, auf entsprechende Musikprogramme zurückzugreifen.

c. Analysekategorien

Der Teilbereich »Analysekategorien« beinhaltet jene grundlegende Taxonomie der materiellen Konstituentien von AV-Produkten, anhand derer der jeweilige Untersuchungsgegenstand transkribiert und analysiert wird. Durch die Vorgabe der Analysekategorien wird ein mehrdimensionaler Transkriptionsprozess angestoßen, der im Kern auf einer durch die Einzelwissenschaften gestützten Terminologie gründet (siehe Abschnitt 2.1). Die Analysekategorien sind synchron zu den Analyseebenen des Analysefensters in »Bild«, »Text« und »Ton« unterteilt. Jeder der Kategorien ist zum Zweck der Übersichtlichkeit eine Farbe und ein Kürzel zugeordnet.

Die Analysekategorie »Bild« ist in die vier Subkategorien »Ordnungsprinzipien«, »Dargestelltes«, »Darstellendes« und »Montage« untergliedert, wobei erstgenannte eine basale Einordnung der Bildereignisse in »performativ«, »narrativ«, »situativ« oder »illustrativ« bedingt. Mit Hilfe der Ordnungsprinzipien lässt sich das Bildgeschehen für eine anschließende detaillierte Transkription vorstrukturieren und in Beziehung zu textlichen und klanglichen Ereignissen setzen. Die Subkategorie »Dargestelltes« versammelt anhand der Leitfragen »Wer oder was wird dargestellt?« bzw. »Wer oder was ist zu sehen?« die Elemente »Person«, »Personengruppe«, »Figur«, »Figurengruppe«, »Setting«, »Form«, »Ding«, »Schrift«, »Bewegung« und »Zusammenhänge« zur Analyse der (potenziellen) Handlung vor der Kamera. Dem gegenüber rekurriert die Subkategorie »Darstellendes« auf die Leitfrage »Wie wird dargestellt?«; sie umfasst konkret die filmanalytischen Begriffe »Einstellungsperspektive«, »Einstellungsgröße«, »Kamerabewegung« und »Visual Effects«, mit denen die Handlungen der Kamera und die visuellen Effekte, also insgesamt die Aspekte der (bewegt)bildlichen Hervorbringung und Inszenierung, erfasst werden. Jede der Bild-Kategorien kann durch den Nutzer individuell ausgeweitet werden, indem eine Deskription hinzugefügt wird (z. B. Haupt-/Nebenfigur bei »Figur«).

Die Elemente der Kategorie »Text« dienen der Transkription sprachlicher Ereignisse im Allgemeinen und des Songtexts im Speziellen. Das Element »Text im Metrum« ermöglicht die Analyse der metrisch-rhythmischen Organisation gesungener Sprache innerhalb der gesamten Klangstruktur. Mit dem Element »Vokalphrase« lassen sich sprachliche Darbietungen in gesanglichen Linien und/ oder textlichen Sinneinheiten festhalten (ohne Metrum-Bezug). In Hinsicht auf das Verhältnis von Sprache und Instrumental-Arrangement lauten die Leitfragen »Wann wird gesungen?« und »Wie viel wird gesungen?«. Ebenso kann eine Sprechhandlung, die nicht Teil der vokalen Gestaltung des Musikstücks ist, sondern aus dem Bildgeschehen hervorgeht, als »songfremde Vokalphrase« transkribiert werden. Das Element »Zusammenhänge« ermöglicht die Analyse intertextueller Zusammenhänge zwischen den einzelnen Materialebenen (z. B. von Bedeutungsfeldern oder Metaphern). Zudem ist es möglich, im Textmaterial über die entsprechenden Analyseelemente eine »materiale Auffälligkeit« resp. eine »songfremde materiale Auffälligkeit« festzuhalten. Die Analysekategorien der Textebene bewegen sich somit in einem Spektrum von detaillierten, musikzentrierten Transkriptionen und basaler Notation des Songtexts über die Kennzeichnung inhaltlicher und struktureller Phänomene bis hin zur Ausdeutung des Transkribierten mittels zusätzlicher Deskriptionen.

Mit den Elementen der Analysekategorie »Ton« lassen sich schließlich sowohl klangstrukturelle (z. B. Rhythmus) als auch phonographische Aspekte (z. B. Sounddesign) untersuchen. Während ein Teil der Analyseelemente Bezug auf die musikalische Tonspur eines AV-Produkts nimmt – hiermit sind impliziert: »Stimme«, »Geräusche«, »Instrument«, »Besetzung«, »Motiv«, »Sound«, »Rhythmus«, »Harmonien«, »Melodie«, »Formteil« –, erschließt sich durch den anderen Teil (»songfremde Stimme«, »songfremde Geräusche« und »songfremde Musik«) die Transkription von bilddiegetischem Sound, d. h. von zusätzlichen songfremden Klängen, deren Vorhandensein einzig anhand der Geschehnisse der Bildebene erklärt werden kann. In beiden Fällen ist es möglich, durch zusätzliche Deskriptionen vertiefende Ausdeutungen vorzunehmen. In den musikbezogenen Elementen bzw. Patterns kann zudem eine notenschriftliche Transkription eingefügt werden (siehe Abschnitt 4.2.3). Im Ganzen bieten die Ton-Kategorien also die Möglichkeit, musikalische Ereignisse deskriptiv (d. h. sprachlich) und/oder mit Hilfe der westlichen Notenschrift, d. h. je nach Befähigung des Nutzers in elementarer oder detaillierter, fachwissenschaftlicher Weise, zu erfassen.

d. Analysefenster

Das Analysefenster bietet dem Nutzer eine vorstrukturierte Arbeitsfläche. Im Bereich des Analysefensters wird das jeweilige Videomaterial durch das Generieren von Patterns und Zeilen sowie unter Einbezug von Zeichenelementen (siehe Abschnitt 4.1.4.e.) transkribiert und analysiert. Das Analysefenster umfasst die Bereiche Standbildleiste, Zeitleiste, Montageleiste, Bildebene, Textebene und Tonebene. Die Zeitleiste wird anhand der Stammdaten automatisch erstellt, zusätzlich besteht je nach Analysefokus die Möglichkeit, individuell eine Taktleiste zu generieren. Für die Transkription der Tonereignisse ist das Erstellen einer Taktleiste ratsam, zumal erst durch die Kombination beider Leisten eine exakte Transkription der Relationen von Bild-/Textereignis und Tonereignis erreicht werden kann.

Durch das Ziehen der entsprechenden Elemente der Analysekategorien in die Montageleiste, die Bildebene, die Textebene und die Tonebene werden Zeilen und Patterns generiert. Nachdem dies erfolgt ist, können Zeilen und Patterns individuell bearbeitet werden.

Der Positionsanzeiger verfügt neben den oben benannten Anzeigefunktionen ebenfalls über eine analytische Dimension. Durch die Synchronisation des Videoplayers mit den Leisten und Ebenen des Analysefensters wird mit dessen Hilfe ein exaktes Transkribieren ermöglicht. Dies ist vor allem bei der Erstellung von Standbildern, Montageelementen und Taktsegmenten vonnöten, da es sich hierbei um exakt (framegenau) zu verortende Phänomene handelt (z. B. Schnitt, Tempowechsel), die i. d. R. als Orientierung für das Setzen weiterer Patterns dienen. Der Positionsanzeiger fungiert zudem als Hilfslinie beim Setzen und Bearbeiten aller Patterns und zur genauen Abstimmung der transkribierten Phänomene innerhalb der Ebenen sowie zwischen diesen.

Die Standbildleiste ist über den Positionsanzeiger mit dem Videoplayer synchronisiert. Sie bildet jenen Bereich, in dem zur Veranschaulichung der transkribierten Phänomene einzelne Frames des Videos in Form von Standbildern angezeigt werden können. Die Verortung des generierten Standbilds erfolgt mit Hilfe einer Markierungslinie, die über das gesamte Analysefenster bis hinunter zur Taktleiste verläuft. Hierdurch lassen sich Korrespondenzverhältnisse zwischen den drei Materialebenen (Bild, Text, Ton) aufzeigen.

Die Zeitleiste visualisiert in Abhängigkeit des gewählten Maßstabs die Dauer des hochgeladenen Videos. Ihre Alignierung ist im Gegensatz zur Taktleiste konstant.

In der Montageleiste können die Elemente der Analysekategorie »Montage« platziert werden. Zum Erstellen eines Montage-Patterns wird das gewünschte Element (»harter Schnitt«, »Aufblende«, »Abblende«, »Überblende«, »Trickblende«) im Montagemenü gewählt, der Positionsanzeiger mit Hilfe der Zeitleiste an den jeweiligen Frame gezogen und das Pattern durch Klicken auf das Symbol im Positionsanzeiger generiert. Die Montageleiste verfügt über die besondere Ansichtsfunktion des Overlay (›Überlagerung‹), mit der die Dauer einer gesetzten Blende oder der Zeitpunkt eines gesetzten Schnitts über die gesamte Bildebene schattiert angezeigt wird. Die Montageelemente können somit in Relation zu anderen Bildelementen gesetzt werden, bzw. es können weitere Bildpatterns genau an diesen ausgerichtet und ein framegenaues Transkript erstellt werden (z. B. die Ausrichtung an Schnitten).

Die Taktleiste am unteren Rand der Programmoberfläche visualisiert die Dauer des musikalisch-klanglichen Materials des Videos in metrischen Einheiten (Takte/Zählzeiten). Das Erstellen einer Taktleiste ist optional und muss zu Beginn einer Transkription manuell vorgenommen werden. Mit Hilfe einer Taktleiste werden tiefenscharfe Einblicke in die Korrespondenzverhältnisse von Bild, Sprache und Musik eröffnet, vor allem da *trAVis* es ermöglicht, einzelne Taktsegmente in einer bestehenden Taktleiste zu verändern, beispielsweise wenn (kurzweilige) Temposchwankungen oder Taktwechsel vorhanden sind. Die Taktleiste wird vor allem zur Synchronisation der notenschriftlichen Transkription benötigt (siehe Abschnitt 4.2.3).

Die Transkription des Videomaterials erfolgt in *trAVis* über die Auswahl der Analyseelemente in den Analysekategorien. Die Elemente können in den Kontaktbereich der für sie vorgesehenen Analyseebenen Bild, Text und Ton gezogen und dort abgelegt werden. Es wird automatisch über die gesamte Länge des Analysefensters eine neue Zeile als übergeordnete Analyseeinheit generiert, in der das gewählte Element als Pattern erscheint. Zeilen können innerhalb der Ebene

Auswertungsinstrument und Gegenstand 91

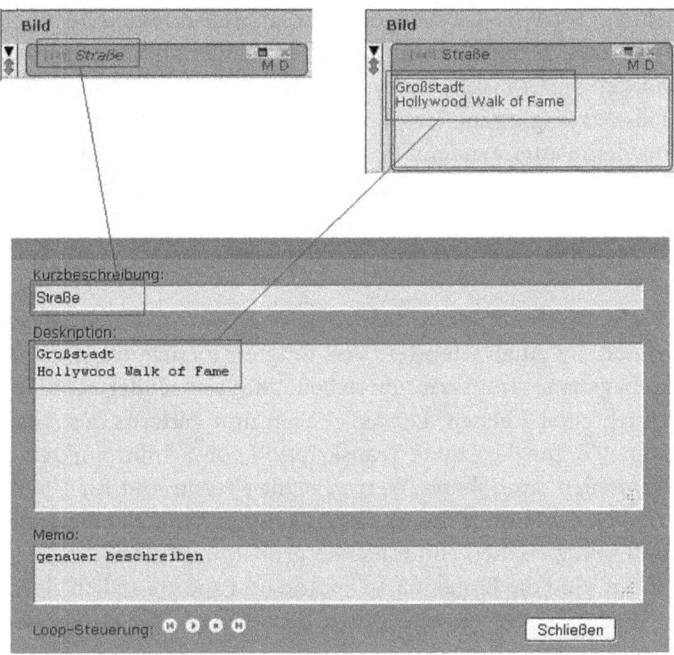

Abbildung 4.4 Pattern (minimiert und maximiert) mit den Eingaben des Bearbeitungsfensters

verschoben werden und verfügen über ein Zeilenmenü mit verschiedenen Funktionen (»Alle Patterns maximieren/minimieren«, »Zeile sperren/entsperren« und »Zeile löschen«).

Jedes Analyseelement erzeugt beim Ablegen in einer bestehenden Zeile ein neues Pattern oder durch Ablegen im Kontaktbereich eine weitere Zeile in der entsprechenden Analyseebene. In jede Zeile können beliebig viele Patterns einer Analysekategorie vor- und hintereinander gesetzt und durch Ziehen des Pattern-Rands auf die gewünschte Länge gebracht werden. Zudem lassen sich Patterns einer Analyseebene zwischen den Zeilen verschieben. Der Videoplayer ist mit den Patterns synchronisiert, so dass während der längenmäßigen Bearbeitung eines Patterns das transkribierte Phänomen zugleich sichtbar ist und eine exakte, ebenenübergreifende Transkription in Relation zu bereits bestehenden Patterns gewährleistet wird. Jedes Pattern verfügt über ein Patternmenü mit den Funktionen »Bearbeiten«, »Maximieren/Minimieren«, »Sperren/Entsperren« und »Löschen«. Patterns der Kategorie Ton, in denen notenschriftlich transkribiert werden kann, verfügen zusätzlich über die Funktion »Notation synchronisieren«, mit der das Transkribierte maßstabsgetreu dem Takt und Tempo der Taktleiste (falls vorgängig generiert) angepasst wird. Über die Funktion »Bearbeiten« kann in jedem Pattern zudem die integrierte Loop-Funktion gestartet werden, die das entsprechende Pattern zum Zweck der Übersichtlichkeit gesondert abspielt.

e. Maßstab-Funktion und Zeichenelemente

Die Maßstab-Funktion dient dem Wechsel zwischen verschiedenen Ansichtsgrößen des Analysefensters und fungiert folglich als Hilfsmittel für eine exakte, framegenaue Transkriptionsarbeit. Maßstabsänderungen wirken sich auf die Ansicht aller Ebenen, Leisten, Zeilen und Patterns des Analysefensters aus. So kann z. B. für die exakte Transkription von Schnittpunkten oder musikalischen Formteilen ein höherer Wert gewählt werden und für Übersichten ein geringerer. Der Zahlenwert des Maßstabs kann individuell eingetragen werden. Um das Wechseln zwischen empfohlenen groben und detaillierten Ansichten zu vereinfachen, sind die Einheiten 25, 50, 100 und 200 zusätzlich als Short Cuts verfügbar.

Die Zeichenelemente geben dem Nutzer die Gelegenheit, im Verlauf des Transkriptionsprozesses ergänzende und präzisierende Markierungen vorzunehmen sowie Zusammenhänge sowohl innerhalb der Patterns, Zeilen und Ebenen als auch zwischen diesen zu visualisieren. Rechtecke und Kreise werden auf bestehende Patterns gesetzt, Linien an die vorgegebenen Kontaktpunkte der Patterns. Jede Linie kann außerdem zu einem Pfeil umgewandelt werden. Über den Bearbeitungsmodus werden die Zeichenelemente zur Bearbeitung frei gegeben; sie können anschließend beliebig in den und über die Ebenen Bild, Text und Ton gezogen und verschoben werden. Jedes Zeichenelement besitzt ein Zeichenmenü mit den Funktionen »Zeichnung ausblenden«, »Zeichenelement mit Pattern verkoppeln/von Pattern entkoppeln«, »Zeichenelement bearbeiten«, »Position ändern und löschen«. Sind Zeichnungen mit Patterns verkoppelt, so verändern sie sich relational zu diesen (z. B. beim Verschieben oder Vergrößern/Verkleinern von Patterns). Somit bleiben im weiteren Transkriptionsprozess die analysierten Materialzusammenhänge bestehen. Als weitere Ansichtsfunktion können alle gesetzten Zeichenelemente ein- und ausgeblendet werden, um ein unverstelltes Transkribieren weiterer Phänomene ohne die grafischen Beifügungen zu gewährleisten.

f. Kontextfelder

Neben der Transkription und der Analyse der Einzelereignisse der Ebenen Bild, Text und Ton sowie allfälliger Zusammenhänge zwischen diesen, ermöglichen die drei Kontextfelder »Œuvre«, »Genre« und »Bedeutungsfelder« das Notieren entsprechender Angaben zum medialen Gesamtprodukt bzw. zu ergänzenden Aspekten, die mit dem eigentlichen Gegenstand in Verbindung stehen und über diesen hinaus verweisen. Kontextuelle Aspekte und Einsichten können somit in die Transkription einfließen und weiterführende analytische und interpretative Operationen anleiten.

4.2 Dimensionen im Analyseprozess

4.2.1 Bewegtbildebene

Die Bewegtbildebene des Musikvideos *Californication* ist als gleichnamiges simuliertes Videospiel konzipiert, in welchem vier Spielfiguren, die den Musikern der Red Hot Chili Peppers nachempfunden sind, individuelle Levels durchlaufen, deren visuelle Gestaltung verschiedenartige Bezüge zu Kalifornien und dem ›American Way of Life‹ aufweisen. Ein Element dieses Videospiels ist das minimierte Performance-Fenster, welches die Band bei der Darbietung des Songs ohne realen Bezug zu einer Musikaufführung in einem steppenartigen Setting vor wolkigem Himmel zeigt. Zu bestimmten Momenten des (vermeintlichen) Videospiels erreichen die Spielfiguren – möglicherweise als Spielziel eines Levels – ein in der jeweiligen Spielwelt platziertes rotes Doppelkreuz (das Emblem der Band Red Hot Chili Peppers) und aktivieren dadurch das Performance-Fenster, welches sodann in maximierter Variante das Videospiel-Fenster temporär ablöst. Auf diese Weise wird in *Californication* ein Wechsel zwischen insgesamt sechs situativen Videospiel-Fenstern und fünf Performance-Fenstern konstruiert. Die beiden Darstellungsebenen sind durch das Konzept des simulierten Videospiels direkt miteinander verbunden.

Das Musikvideo beginnt mit einem Intro (0:00–0:22), welches – in den ersten drei Sekunden noch ohne das Musikstück – den Ladevorgang des Videospiels, das Videospiel-Logo (das rote Band-Emblem mit dem Schriftzug »Californication«) und das Auswahlmenü der Spielfiguren zeigt (siehe Abb. 4.5). Diese optischen Elemente stellen die für derartige Computerspiele typische Visualisierung des Ladevorgangs und der Selektion einer Spielfigur nach.

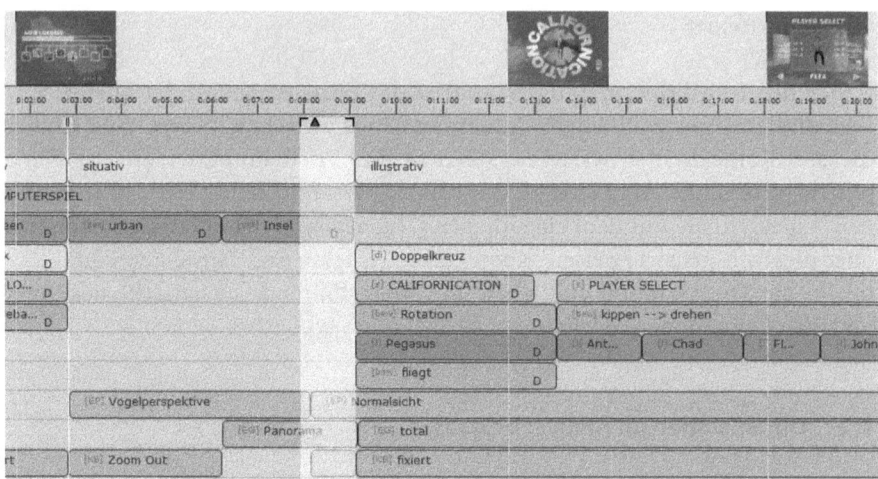

Abbildung 4.5 Ladevorgang, Logo und Auswahlmenü zu Beginn des Musikvideos

Als erstes wird die Figur John (entspricht Gitarrist John Frusciante) ausgewählt; das Spiel-Setting ist eine Straßenszene, die den ›Hollywood Walk of Fame‹ nachstellt (0:22–0:33). Die Figur läuft zunächst in einer frontalen, halbnahen Einstellung einen Bürgersteig entlang. Mit einem Schnitt – mit Blick auf den ›flow‹ eines Videospiels ein eher ungewöhnliches Gestaltungselement – wird sogleich in die videospieltypische Verfolgerperspektive gewechselt, so dass hier lediglich ein schneller Wechsel in die entsprechende Perspektive vorliegt und ansonsten zunächst keine weitere montagebedingte Rhythmisierung zur Musik stattfindet. Die Figur John läuft anschließend um eine Gruppe Passanten herum, an einer schäbigen Casting-Agentur vorbei und springt in das rote Band-Emblem. Es folgt das erste Performance-Fenster (0:33–0:44). Anschließend beginnt das Spiel-Setting der Figur Chad (entspricht Drummer Chad Smith, siehe Abb. 4.6), die auf einem Snowboard durch eine verschneite Berglandschaft fährt und dabei verschiedene Kunststücke und Sprünge vollführt, bis sie schließlich auf das Dach eines in einer Schlucht fahrenden Zuges stürzt (0:44–1:09). Die Berglandschaft ist hierbei als lokale Referenz auf das Hochgebirge der kalifornischen Sierra Nevada zu verstehen.

Mit einem Schnitt wird in die Spielwelt der Figur Anthony (entspricht Sänger Anthony Kiedis) gewechselt, dieser Schnitt suggeriert hierbei die Spieleraktivität des Spielfigurenwechsels, da zuvor am rechten Rand des Videospiel-Fens-

Dimensionen im Analyseprozess 95

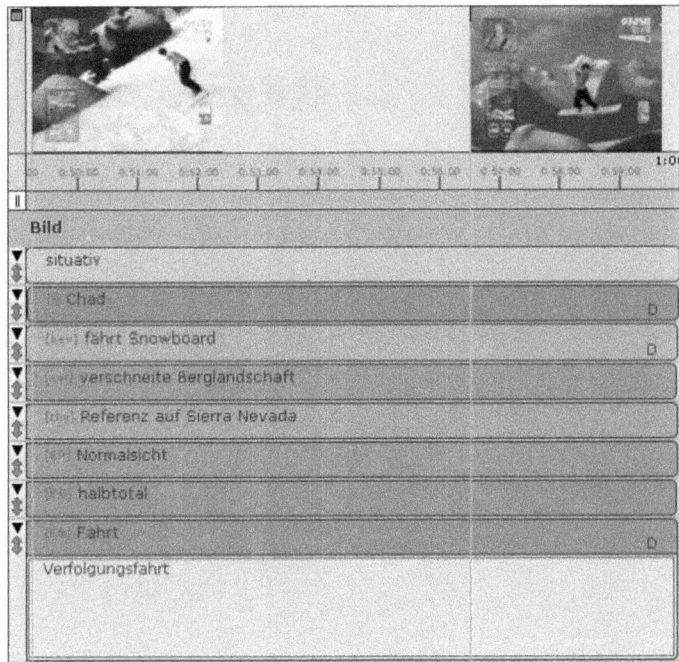

Abbildung 4.6   Figur Chad in Berglandschaft

ters das entsprechende Auswahlmenü aufscheint und die Figur Anthony gewählt wird. Das Unterwasser-Setting, in dem die Figur Anthony zwischen Haien und Frauen in Bikinis hindurch taucht, lässt sich zum einen als Referenz auf den Film *Der weiße Hai* (1975, Regie: Steven Spielberg) und in einem allgemeineren Sinn als Metapher für eine unübersichtliche existenzielle Gefährdungslage auslegen. Zum anderen stellen das Tauchen im Meer und die leicht bekleideten Frauen Bezugnahmen auf den ›sunshine state‹ Kalifornien und den damit verbundenen Lebensstil dar. Die Figur schwimmt sodann in das erscheinende rote Band-Emblem (1:09–1:25); das zweite Performance-Fenster wird aktiviert (1:25–1:39). Anschließend reitet die Figur Anthony kurz auf dem Rücken eines Haifischs in einer Welle und springt in Salti in ein Cabriolet (1:39–1:46), bevor dann mit einem Schnitt zur vierten Spielfigur Flea (entspricht Bassist Flea) gewechselt wird. Auch dieser Schnitt ist durch die Auswahl der Spielfigur durch einen vermeintlichen Spieler bedingt.

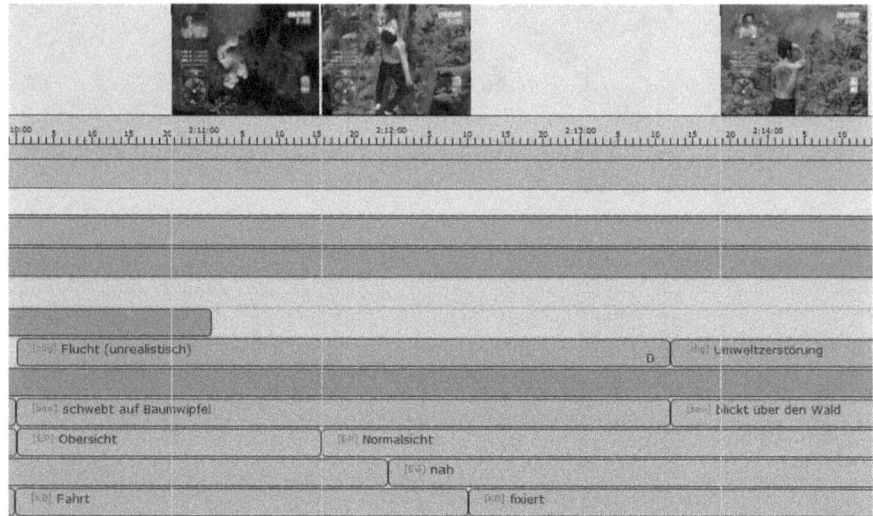

Abbildung 4.7 Figur Flea schwebt auf einen Baumwipfel

Die Figur Flea befindet sich in einem Wald-Setting, welches einerseits die eindrücklichen Naturphänomene Kaliforniens aufgreift (v. a. den Yosemite National Park), andererseits aber auch den Gegensatz zwischen urbanen und ruralen Lebensweisen thematisiert. Zunächst trifft die Figur auf einen Bären und einen Jäger, sie überwältigt beide, um dann in einem Förderwagen sitzend in hoher Geschwindigkeit durch ein Bergwerk zu fahren – eine Referenz auf die bekannte Verfolgungsjagd durch einen Bergwerksstollen im Film *Indiana Jones und der Tempel des Todes* (1984, Regie: Steven Spielberg). Die Figur findet sich vor einer Waldhütte (mitsamt großer Satellitenschüssel!) wieder, vor der eine junge, schwangere Frau steht. Die Figur läuft weiter und entflieht einer Gruppe von Holzfällern, indem sie, wie Abb. 4.7 zeigt, auf einen Baumwipfel entschwebt (1:46–2:16).

Mit einem weiteren Schnitt, der erneut als ein Wechsel der Spielfigur inszeniert wird, gerät wieder die erste Figur John in den Fokus des Geschehens. Diese befindet sich nun in der Spielwelt eines Filmstudio-Settings und durchläuft von einer Straße kommend die Drehorte eines Science-Fiction-Films, eines Erotikfilms und eines Historienfilms (2:16–2:31). Der Dreh des Science-Fiction-Films steht hierbei stellvertretend für die Unterhaltungsindustrie Hollywoods und im Speziellen für die Mediengattung Spielfilm und ihre technologischen Errungen-

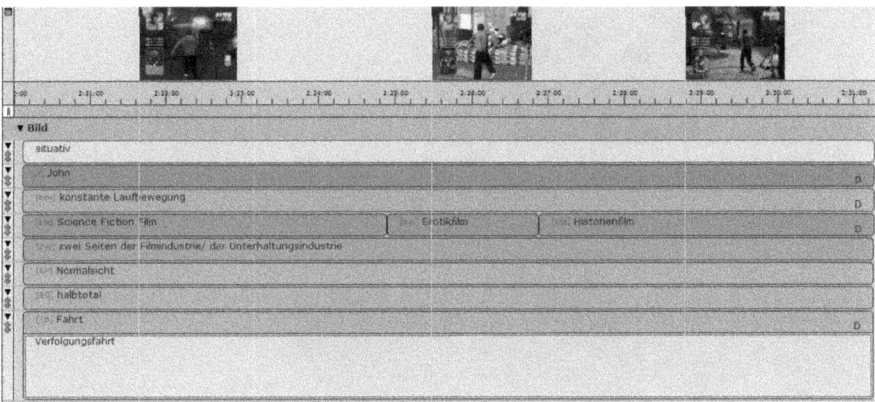

Abbildung 4.8   Figur John in unterschiedlichen Filmstudio-Settings

schaften. Durch die nachfolgende Kontrastierung mit dem Erotikfilm-Set wird die Sinnfigur ›Filmindustrie‹ weiter kommentiert, indem ein nüchternes Bild der kulturellen Praxis des Hollywood-Films gezeichnet wird. So erscheint dieser letztlich als Output-Leistung eines willkürlichen Nebeneinanders von Produktionsstätten.

Es folgt ein weiterer Schnitt zur Figur Chad, die nun mit ihrem Snowboard die Trageseile der Golden Gate Bridge entlang surft (2:31–2:43), wodurch ein eindeutiger lokaler Bezug zur kalifornischen Metropole San Francisco hergestellt wird. Der vorherige Schnitt gründet zwar wie alle bisherigen Montagen innerhalb der Videospiel-Fenster auf einem Wechsel der Spielfigur durch einen imaginierten Spieler, jedoch lässt er sich ebenso aus der Logik der (simulierten) Computerspielhandlung ableiten: Die Figur ›John‹ hat in ihrer vorangegangenen Spielwelt einen räumlichen Endpunkt erreicht. Der Wechsel auf die Figur Chad erscheint somit bezüglich des ›flows‹ des Videospiels opportun.

Die Figur Chad trifft bei ihrem ›Ritt‹ auf der Golden Gate Bridge sodann auf die Figur Anthony, die im Cabriolet durch den dichten Verkehr auf der Brücke rast und ihre Fahrt schließlich in den hügeligen Straßenzügen von San Francisco fortsetzt. Mit der Fahrt durch das urbane Setting wird der übergeordnete Lokalitäts-Bezug des Clips (Kalifornien) weiter ausdifferenziert; eine Entwicklung der Figuren, ihrer Fähigkeiten oder gesteigerte Schwierigkeitsgrade der Spiellevel werden nicht erzielt. Nach einer Fahrt durch einen See und dem Sprung durch ein riesiges Donut-Werbeschild in das rote Band-Emblem (2:43–3:06) wird das

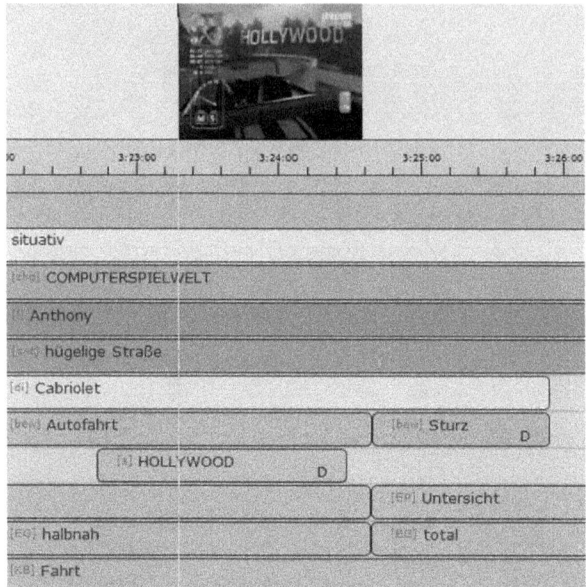

Abbildung 4.9   Hollywood-Schriftzug

Performance-Fenster zum dritten Mal maximiert (3:06–3:21). Anschließend stürzt die Figur Anthony im Cabriolet einen felsigen Abhang hinunter – im Bildhintergrund wird mit dem Hollywood-Schriftzug erneut Bezug auf den ›sunshine state‹ genommen (siehe Abb. 4.9) –, und landet nach mehreren Salti auf dem Rücken einer überdimensionalen Libelle (3:21–3:28). Auf der Libelle sitzt bereits die Figur Flea, gemeinsam fliegen sie zwischen einer futuristischen Skyline hindurch und treffen in der Folge auf weitere Flugobjekte (z. B. UFOs, Zeppelin, Heißluftballon) sowie auf die Figuren Chad (mit dem Snowboard vom Himmel fallend) und John (in einer Flugspirale sitzend) (3:28–4:03) – die diversen Flugobjekte können auch in einem historische Sinne als Bezugnahme auf die Traditionslinie der in Kalifornien ansässigen Luft- und Raumfahrtindustrie verstanden werden.

Als die Libelle in den Himmel aufsteigt, fällt die Figur Anthony von ihrem Rücken und landet auf einer Wiese mit überdimensionalen Blumen. Hier findet sie das rote Band-Emblem und aktiviert das vierte Performance-Fenster (4:18–4:34).

Das darauf folgende finale Videospiel-Fenster beginnt mit der Figur John, die im Setting des Zentrums einer Großstadt (vermutlich Los Angeles) während eines Erdbebens eine Straße entlang rennt. Dieses apokalyptische Szenario thematisiert die allgegenwärtige Bedrohungslage in Kalifornien aufgrund von Naturkatastrophen (vornehmlich Erdbeben). Im Chaos der herabfallenden Gebäude treffen die Figuren kurzfristig aufeinander. Die Figur Flea – in eine Erdspalte stürzend – aktiviert ein letztes Mal das Performance-Fenster. Nach ebendiesem folgt ein Schnitt zurück in die apokalyptische Spielwelt zur Figur Anthony, die ebenfalls in eine Erdspalte fällt und dort auf einem Felsvorsprung auf die drei anderen Figuren trifft. Über ihnen schwebt der Performance-Würfel des Videospiels, den sie sogleich simultan berühren, wodurch sie sich in die ›echten‹ Musiker verwandeln – es erscheint der Schriftzug »Game Over« (5:14–5:26). Das Musikvideo endet ohne Musik mit einem blauen Bildschirmhintergrund, den in weißer Schrift verfassten Worten »Next Game?« und einem blinkenden »Yes« (5:26–5:27).

Die Bewegtbildebene zu *Californication* ist folglich durch den kontrastiven Blick auf die Geografie des Staats Kalifornien sowie auf das Stereotyp des ›American Way of Life‹ gekennzeichnet. Die unterschiedlichen Spielwelten verdeutlichen jeweils Aspekte der Bedeutungsfelder ›California‹ und ›fornication‹ und überlassen dabei im Zusammenspiel mit Songtext und Musik dem Rezipienten die weitere Ausdeutung (siehe auch Abschnitt 4.2.5). Die konzeptuelle Gestaltung als simuliertes Videospiel ermöglicht dabei eine Verdichtung und Überspitzung der Referenzen, da dem Bildgeschehen kein Realbezug innewohnt. Zudem ermöglicht die videospieltypische Verfolgungsfahrt durch verschiedene Levels, dass die Referenzen von Beginn an in relativ kurzen Abständen erscheinen und in der Folge am Aufbau einer Erwartungsstruktur teilhaben, die konkret dazu führt, dass im Fortlauf der Zeit die Aufmerksamkeit des Rezipienten tendenziell auf das Erkennen eben solcher Referenzen gelenkt wird.

Der Aufbau der sechs Videospiel-Fenster bleibt über die Dauer der wechselnden Levels identisch und adaptiert dabei die Ästhetik von 3D-Actionspielen (vgl. Butler 2007: 44 ff.). Letzteres äußert sich konkret in den scheinbar interaktiven Schnittstellenelementen Punktzahl, Countdown und Navigation sowie in dem minimierten Performance-Fenster, welches, wie Abb. 4.10 zeigt, ohne kausalen Bezug zum aktuellen ›Spielgeschehen‹ im oberen linken Eck verortet ist.

Darüber hinaus erscheinen, wie oben erwähnt, vor einem Spielfigurenwechsel am rechten Rand die Köpfe der anderen Figuren als entsprechendes Auswahlmenü. Die Actionspielhandlung selbst wird mit einer schwebenden, dynamischen Kamera aus der typischen ›third person perspective‹ (v. a. in Form von

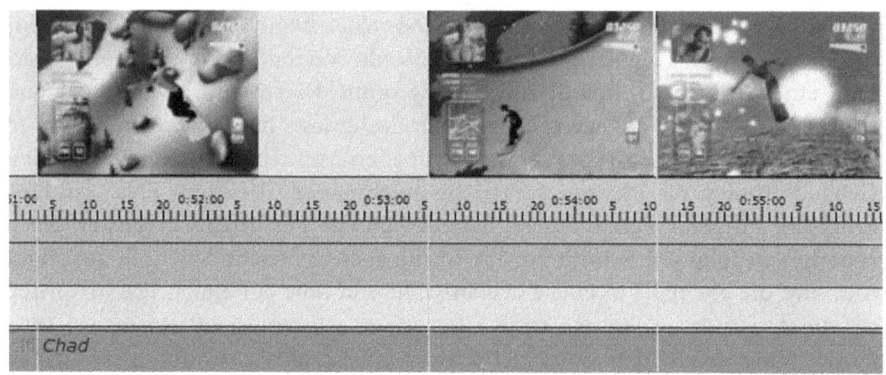

Abbildung 4.10 Die Figur Chad fährt Snowboard; das minimierte Performance-Fenster zeigt Sänger Anthony Kiedis und Bassist Flea

Verfolgungsfahrten) inszeniert und das Spielfeld zumeist in Blickrichtung der sich bewegenden Spielfigur mit gedreht und erweitert (teilweise schwenkt die Kamera auch um die Spielfigur herum). Hinzu kommt die Adaption des Spielflusses (›flow‹) eines Videospiels.

Die sich wandelnden grafischen Steuerelemente suggerieren ebenso wie das in Echtzeit ablaufende Videospielgeschehen eine Spielaktivität bzw. die Möglichkeit einer Steuerung der jeweiligen Spielfigur. Für ein Actionspiel untypisch ist, dass die Spielfiguren kaum entsprechende Handlungen vollführen und zudem ›unsterblich‹ sind. Selbst Stürze aus großer Höhe (z. B. der Sturz der Figur Chad in die Schlucht (1:01–1:05)) führen nicht zu einem temporären ›Tod‹ der Figuren und dem Start eines neuen Levels. Es werden lediglich das rote Band-Emblem als Ziel und das Maximieren des Performance-Fensters als erfolgreiches Abschließen eines Levels präsentiert. Beide Elemente stehen in keinem thematischen Verhältnis zum Aspekt der ›Californication‹.

In den vollständig computeranimierten Bewegtbildereignissen der Videospielsequenzen von *Californication* handelt es sich um computergenerierte Nachahmungen verschiedener Kamerahandlungen. Als Hauptmerkmal von Videospielen wurde die durchgehende Kamerabegleitung übernommen (Stichwort: Verfolgungsjagd), so dass in den Videospiel-Fenstern lediglich elf Montageelemente in Form von Schnitten vorzufinden sind (die Überblenden des sich maximierenden Performance-Fensters ausgenommen) und somit auch nicht die häufig in Musikclips vorgenommene Komposition des Bildmaterials entlang des musikalischen Rhythmus zu beobachten ist. Die darstellenden Elemente (Perspektive, Einstellungsgröße, Kamerabewegung) erfahren dadurch eine Aufwertung hinsichtlich der Inszenierung der Videospielhandlung. Die Dynamik der Bewegtbildereignisse wird in *Californication* folglich primär durch die Fortbewegung der Spielfiguren im Spielraum und durch die sie verfolgende Kamera erzeugt, wodurch sich die Bildebene zum Teil in eigentümlicher Gegenläufigkeit zum musikalischen Formverlauf und den hiermit verbundenen klanglichen Spannungsbögen konstituiert.

Wie auch die Videospiel-Fenster folgen die verschiedenen Performance-Fenster einem bestimmten Kompositionsprinzip. Dabei besteht kein Unterschied zwischen den minimierten und den maximierten Varianten des Performance-Fensters. So sind die einzelnen Bandmitglieder mit ihren Instrumenten zumeist aus Bauch- oder Normalsicht in verschiedenen, jedoch mehrheitlich nahen Einstellungsgrößen bei der Darbietung des Songs zu sehen. Des Weiteren wird immer wieder die gesamte Band in halbtotaler Einstellung in der typischen (Live-)Anordnung einer Rockband gezeigt: Sänger Anthony Kiedis befindet sich zentral im Vordergrund, Schlagzeuger Chad Smith zentral im Hintergrund, Gitarrist John Frusciante und Bassist Flea stehen links bzw. rechts neben Kiedis im Vordergrund. Die deutlich sichtbare Verbindung zwischen Bandmitglied und Instrument bzw. gesanglicher Hervorbringung übernimmt in den Performance-Sequenzen eine orientierungsstiftende Funktion und lässt insgesamt den Konnex zwischen Bild- und Klanggeschehen als ›natürlich‹ erscheinen (siehe Abschnitt 2.1.4).

Im Gegensatz zu den Videospiel-Fenstern finden sich in den Performance-Fenstern zahlreiche harte Schnitte in kurzen Intervallen. Die Band-Performance

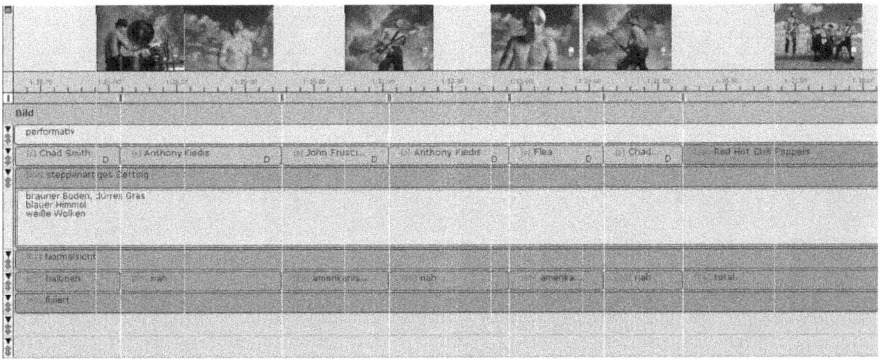

Abbildung 4.11   Performance-Fenster

wird folglich nur ausschnitthaft gezeigt und von vornherein als inszeniert offengelegt (siehe Abb. 4.11). Der offensichtlichen Inszenierung auf der Ebene des Darstellenden (Kamera, Montage) werden als authentifizierende Elemente das spärliche, gleich bleibende Setting (steppenähnlicher Erdboden) und die Requisiten (lediglich die Musikinstrumente) entgegengestellt. Seine Vervollkommnung findet das eigentümliche Hybridkonstrukt aus Darstellungen von Natürlichkeit und Schlichtheit auf der einen Seite und effektvoller filmischer Inszenierung auf der anderen in dem sonnig-wolkigen Himmel-Szenario im Bildhintergrund. Nachträglich im Chromakey-Verfahren erzeugt, wirkt dieses Himmel-Szenario überaus künstlich, nichtsdestotrotz kann es als symbolischer Naturverweis auf den ›sunshine state‹ Kalifornien ausgelegt werden.

Der Wechsel zwischen Videospiel-Fenster und Performance-Fenster erfolgt mittels einer computeranimierten Spezialform aus Überblende und Trickblende, die im Videospiel-Fenster von einer der Figuren durch den Kontakt mit dem roten Band-Emblem ausgelöst wird (siehe Abb. 4.12). Das Performance-Fenster wird anschließend auf dieselbe Weise wieder minimiert, so dass es erneut als Steuerungselement des simulierten Videospiels mitläuft – einzig der letzte Wechsel vom Performance-Fenster zum Videospiel-Fenster (5:14) erfolgt durch einen harten Schnitt.

Der wiederholte Wechsel zwischen gegensätzlich konzipierten Bewegtbildverläufen stellt das basale Kompositionsprinzip des Musikvideos *Californica-*

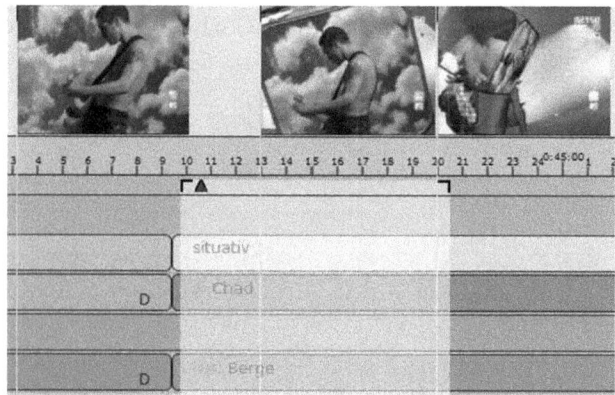

Abbildung 4.12 Abblende/Trickblende vom Performance-Fenster zum Computerspiel-Fenster

tion dar. Die Spielfiguren ›führen‹ die Kamera und somit den Rezipienten in abschnittsweiser Orientierung am Songtext durch die Computerspielwelten. Mit dem Aufspüren des Band-Emblems und der Aktivierung des Performance-Fensters wird der (imaginierte) Spieler, mit anderen Worten: der Rezipient, ›belohnt‹.

4.2.2 Textebene

Folgend soll die Fallanalyse um eine Betrachtung des Zusammenspiels sprachlicher Elemente im Song *Californication* erweitert werden. Zu Form und Inhalt des Songtextes ist zunächst anzuführen, dass Strophe und Bridge aus drei bzw. vier Vokalphrasen bestehen. In der Mehrzahl der Strophen bilden diese Phrasen im Zusammenschluss einen Haufenreim mit der Endsilbe ›-tion‹, die Bridge ist ihrerseits in einem Paarreim organisiert: Der Refrain setzt sich aus vierfacher (bzw. zweifacher) Wiederholung der Hookline »Dream of Californication« zusammen:

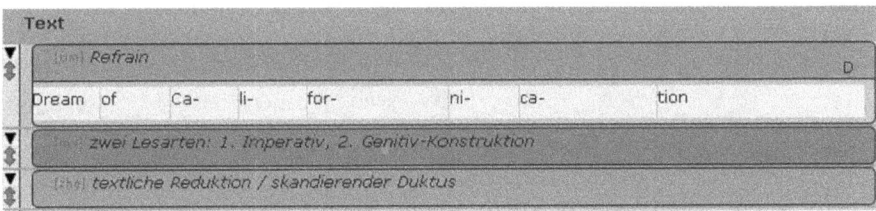

Abbildung 4.13 Songtext (im Metrum notiert) inklusive materialer Auffälligkeiten und Zusammenhänge, Refrain

Die drei Gesangsphrasen der Strophe repräsentieren jeweils drei Aussagen. Inhaltlich weisen diese starke Brüche auf (siehe Abb. 4.14). Im Verlauf des Stückes wird die scheinbar zusammenhangslose Aussagenreihung weitestgehend durchgehalten. Durch die Auflistung von Akteuren und Lokalitäten wird eine Dezentrierung des Geschehens bewirkt – die Vielfalt der syntaktischen Strukturen unterstützt ihrerseits diesen Effekt. Insgesamt mündet diese Form der textlich-inhaltlichen Gestaltung in der Bildung rekurrenter Oppositionen. Anhand einer mehrschichtigen Pattern-Darstellung lässt sich dies wie folgt veranschaulichen:

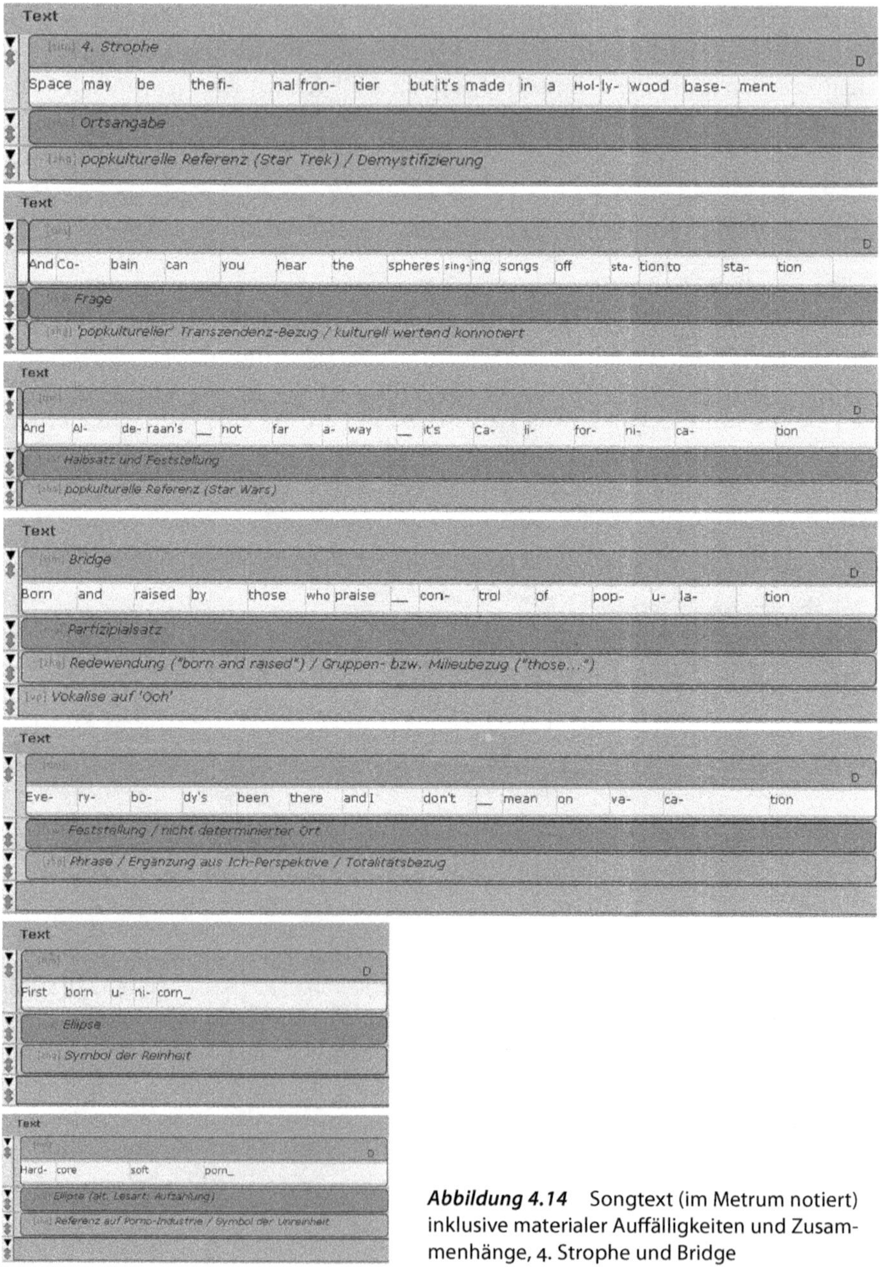
Text
4. Strophe
Space may be the fi- nal fron- tier but it's made in a Hol-ly- wood base- ment
Ortsangabe
popkulturelle Referenz (Star Trek) / Demystifizierung
Text
And Co- bain can you hear the spheres sing-ing songs off sta- tion to sta- tion
Frage
'popkultureller' Transzendenz-Bezug / kulturell wertend konnotiert
Text
And Al- de- raan's _ not far a- way _ it's Ca- li- for- ni- ca- tion
Halbsatz und Feststellung
popkulturelle Referenz (Star Wars)
Text
Bridge
Born and raised by those who praise _ con- trol of pop- u- la- tion
Partizipialsatz
Redewendung ("born and raised") / Gruppen- bzw. Milieubezug ("those...")
Vokalise auf 'Ooh'
Text
Eve- ry- bo- dy's been there and I don't _ mean on va- ca- tion
Feststellung / nicht determinierter Ort
Phrase / Ergänzung aus Ich-Perspektive / Totalitätsbezug
Text
First born u- ni- corn_
Ellipse
Symbol der Reinheit
Text
Hard- core soft porn_
Ellipse (alt. Lesart: Aufzählung)
Referenz auf Porno-Industrie / Symbol der Unreinheit

Abbildung 4.14 Songtext (im Metrum notiert) inklusive materialer Auffälligkeiten und Zusammenhänge, 4. Strophe und Bridge

Insgesamt wird das Leben in Kalifornien, vermeintlicher Kulminationspunkt westlich-abendländischer Zivilisation, als Paradoxie aus Selbstbestimmtheit und Fremdsteuerung präsentiert. Es wird gemahnt, dass das Individuum in dieser Umwelt der permanenten Gefahr der Infizierung durch eine letztlich nicht zu beherrschende kulturelle Ordnung ausgesetzt ist. Interessant ist in diesem Zusammenhang, dass die Erzählperspektive eines beteiligten Beobachters eingenommen wird. Dies zeigt sich an jenen Stellen, in denen in die erste Person gewechselt wird, wodurch der ›Erzähler‹ sich als in irgendeiner Form involviert in das Geschehen ausweist. Führt man die genannten formalen und inhaltlichen Aspekte zu einer globalen Lesart des Songtextes zusammen, so gilt es hierin insbesondere den konzeptuellen Charakter der textlichen Organisation hervorzuheben. Das Textmaterial wäre demnach zu deuten als kryptische Anordnung inhaltlich nicht kohärenter Aussagen, die erst im Zusammenschluss die ganze Tragweite des paradoxen Lebensmodells ›Kalifornien‹ offenlegen und dadurch eine Art Rätselauflösung oder Lebenshilfe anbieten.

4.2.3 Tonebene

Im Folgenden sollen nun die Klangkonfiguration des Songs *Californication* untersucht werden. Zuvorderst seien statische Angaben zur Aufnahme gemacht: Das Tempo beträgt ca. 95 bpm, das Metrum verläuft durchgehend im Viervierteltakt und die Besetzung mutet ›klassisch‹ an – Gesang, Background-Gesang, Gitarre (I, II), Bass und Schlagzeug (sowie partieller Keyboard-Einsatz mit einem blockflötenartigen Pad-Sound). Besagter Instrumenteneinsatz geht auf die Rock-Identität als vierköpfiges Kollektiv – Sänger, Gitarrist, Bassist und Schlagzeuger – zurück, die seit den Ursprüngen der Band als Vetreter des frühen Crossover, einer Mischung aus Funk und Heavy Metal, bestand hat.[108]

Das im Genre des Crossover verankerte Credo der Rauheit und die Konzentrierung auf die Herstellung einer energetischen Rock-Performance, die auf einer Mischung aus individueller Spielfertigkeit und kreativer Handhabung von bluesorientierten Riffs und Phrasen fußt, sind durchgehend erkennbare Motive im Schaffen der Band. Jene Motive lassen sich auch in der Wahl des Produzenten des Albums *Californication*, Rick Rubin, wiedererkennen. Die Zusammenarbeit mit Rubin bildet seit den 1990er Jahren ein Kontinuum im Œuvre der

---

108 Ebenso prägen wechselnde Besetzungen bzw. Mitgliedschaften die Bandbiographie. Das ›Vier-Mann‹-Prinzip als äußeres Erscheinungsbild wurde jedoch stets beibehalten.

Band.[109] Rubin, seinerseits Produzent von namhaften Künstlern wie den Beastie Boys, Johnny Cash und Neil Diamond, steht synonym für eine spezifische Strategie des Aufnehmens und Abmischens, die das Ziel verfolgt, das Zusammenspiel der Instrumente möglichst transparent und unverfälscht wiederzugeben, so dass beim Hören der Eindruck eines unmittelbar erlebten Klanggeschehens entstehen kann. Folge hiervon ist u. a. ein spärlicher Einsatz von Klangeffekten. Das sich in diesen Ausführungen abzeichnende Ideal eines eher trockenen, unprätentiösen Gesamtsounds trifft auch auf die Aufnahme des Songs *Californication* zu.

Im Folgenden sollen vier Merkmale fokussiert werden, die für die klangliche Konfiguration des Songs als wesentlich erachtet werden. Das erste Merkmal wird auf der Ebene des Formverlaufs verortet. So prägt ein Formblock, der aus Zwischenspiel, Strophe, Bridge, Refrain besteht, die Sukzessionslogik des Songs. Im Ganzen kommt er dreimal vor – Intro, Zwischenspiel, 3. Strophe oder Solo erklingen davor bzw. dazwischen:

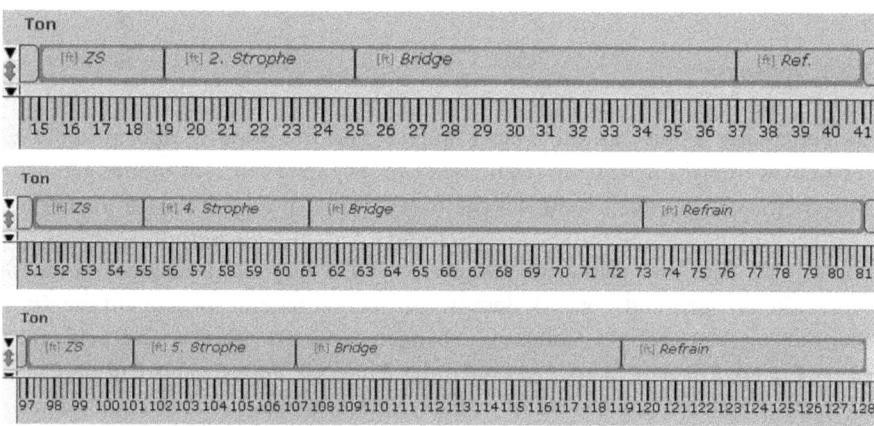

Abbildung 4.15 Formblockbildung

Aufgrund dieses Formblocks ist mit Blick auf das Grundprinzip von Variation und Wiederholung eine Gewichtung auf Wiederholung festzustellen, und zwar in doppelter Hinsicht: bezogen auf die Wiederholung des Formblocks *und* die

---

109 Seit dem 1991er-Album *Blood Sugar Sex Magik* hat die Band durchgehend mit Rick Rubin an ihren Alben gearbeitet.

Wiederholung der darin eingefügten Formteile. Hiernach liegt über die etwa fünfeinhalb Minuten[110] des Songs eine gewisse Gleichförmigkeit im formalen Ablauf vor. Zu vervollständigen ist, dass sich in dieser formalen Beständigkeit die klangliche Differenz der Formteile konstituiert. Damit ist insgesamt ein Formzyklus etabliert, der durch die deutlich markierte Periodizität klanglicher Veränderung bestimmt wird.

Anhand des dargelegten Formaspektes deutet sich bereits das zweite Konfigurationsmerkmal an: die strophische Dominanz. Im Song sind fünf Strophen à 6 Takte angelegt, im Vergleich zu zwei Refrain-Passagen à 8 Takte und einem verkürzten viertaktigen Refrain-Einsatz. Die strophische Dominanz weist auf eine hohe textliche Informationsdichte hin, so werden in der Strophe schwerpunktmäßig die narrativen Anteile des Songtextes transportiert. Hinzu kommt, dass die Bridge[111] ihrerseits eine gewisse Textfülle bereitstellt. Jenseits quantitativer Dominanz-Effekte ist eine stark ins Kontrastierende gehende Handhabung des Strophe-Refrain-Prinzips erkennbar, d. h. narrativ-informativer Gehalt auf der einen und Exklamation und Manifestation durch Repetition (»Dream of Californication«) auf der anderen Seite. Danach konstituiert sich im Song ein Wechselspiel zwischen der kurzen ausgerufenen Hookline im Refrain und den vielsilbigen ausgedehnten Strophen und Bridges. Dies wird insbesondere im Vollzug der Stimme deutlich, die zwischen dem Gestus des ›singenden Erzählens‹ (Strophe und Bridge) und dem Sich-Hervorbringen als ›skandierende Kraftquelle‹ (Refrain) wechselt. Das instrumentale Zusammenspiel verläuft hierzu homolog, so dass insgesamt festzustellen ist, dass in der Aufnahme eine performative Dynamik verankert ist, die es ermöglicht, den Song ungeachtet seiner informativen Dichte als eine emphatische Rock-Perfomance wahrzunehmen.[112] Inwieweit dieser Kontrastaspekt rein klanglich-textuelle Ausprägungen zeitigt, soll am dritten identifizierten Merkmalskomplex dargelegt werden.

---

110 Sowohl im Œuvre der Band als auch im Vergleich zu anderen Mainstream-Rocksongs erscheint *Californication* als eher langes Musikstück.
111 Die Bridge fungiert in diesem Song als Transitional Bridge.
112 Das erwähnte Prinzip lässt sich auch in anderen Aufnahmen der Band wiederfinden, u. a. in Hits wie *Under the Bridge* oder *Otherside*. Unternimmt man den Versuch, das Œuvre der Red Hot Chili Peppers grob nach Song-Typen zu ordnen, so fallen vor allem drei Gruppen ins Gewicht: 1. ›klassische‹ Rock-Songs, mit melodischem Impetus und klarer Trennung von Strophe und Refrain (hierzu gehören *Californication* und die oben genannten Songs), 2. schnellere, härtere Stücke, die stilistisch im Funk-Metal früher Prägung verhaftet und eher ostinat-repetitiv konzipiert sind (wie z. B. *Give It Away* und *Suck My Kiss*), 3. balladenhafte Songs, die eine Atmosphäre der Entspanntheit weiter transportieren – zuweilen auch in akustischer Besetzung gespielt (als Beispiele sind anzuführen *Road Trippin'* und *Scar Tissue*).

Konkret handelt es sich hierbei um die Übergänge von Strophe auf Bridge und darauf folgend von Bridge auf Refrain. Durch die jeweiligen Klangtexturen heben sich die betroffenen Formteile voneinander ab. Die klangliche Differenz manifestiert sich blockweise zwischen Intro-Zwischenspiel-Strophe auf der einen Seite und Bridge-Refrain auf der anderen. Verschiedene Parameter geben Auskunft darüber, wie diese Klangtexturen Kontrast herstellen: Intro, Strophe und Zwischenspiel sind in einer eher durchsichtig gehaltenen Klangtextur verbunden. Auf der Mikroebene der Motive und Riffs offenbart sich dies am Intro-Motiv der Gitarre, das in diesem Klangverbund von prägender Wirkung ist und in allen drei Formteilen erklingt:

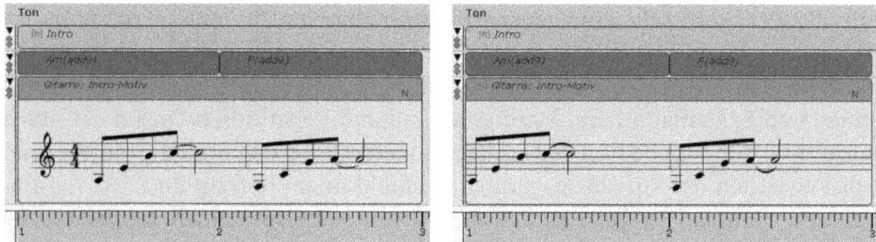

Abbildung 4.16   Intro-Motiv der Gitarre (nichtsynchronisierte und synchronisierte Darstellung)

Die Bassline ist weniger statisch angelegt, sie füllt in komplementärer Rhythmik die langen Töne der Gitarre auf. Die Tonabfolge ist hier ebenfalls durch Intervallsprünge geprägt (mit Verzierungen auf den Nebennoten). Bezüglich des Drum-Beats kann festgehalten werden, dass dieser insbesondere durch den Achtel-Anschlag auf der Hi-Hat und die Bounce-Rolls auf der Snare-Drum geprägt wird.

Mit dem Wechsel von Strophe zu Bridge verdichtet sich die Klangkonfiguration. Der Bass spielt nun (punktierte) Achtel-Figuren, die vornehmlich grundtonzentriert sind. Das Schlagzeug wechselt von der Hi-Hat auf die Ride, wodurch eine durchgehende Klangkulisse vor allem in den oberen Frequenzbereichen entsteht. Punktuell verstärkt wird dies durch Akzente des Crash-Beckens. Der Bounce-Roll-Effekt wird reduziert eingesetzt, wodurch der Beat insgesamt geradliniger erscheint. Die klanglich-rhythmische Qualität dieses Klanggeflechts wird zudem durch den nunmehr ostinaten, dichten Akkordanschlag der Gitarre geprägt.[113] Auch die Stimme markiert den Übergang zur Bridge, so wird der Gestus des Erzählens durch eine gewisse Schärfe in der Artikulation angereichert. Als verbindendes Element innerhalb des klanglich-textuellen Strophe-Bridge-Kontrastes erweist sich wiederum der harmonische Fortlauf auf den Stufen I und VI.[114] Im Refrain wird die dichte klangliche Konzeption fortgesetzt, so dass der Übergang an dieser Stelle nicht von der gleichen Signifikanz ist wie zu Beginn der Bridge. Verdichtung ist hier eher auf mikrotonaler Ebene zu erkennen: So zum einen anhand des gesteigerten Gebrauchs des Crash-Beckens und zum anderen durch den nunmehr harten Anschlag des Basses, durch den ein verzerrter Sound entsteht, der weniger Kontur aufweist.

Das vierte Merkmal lässt sich auf der Ebene der Harmonien lokalisieren. So werden in den bislang besprochenen Formteilen harmonische Wendungen umgesetzt, die um das tonale Zentrum A-Moll herum rangieren. Ein Austreten aus diesem harmonischen Konzept findet während des Gitarrensolos statt. Hier stellt sich zum einen eine tonale Bewegung im Sinne einer klanglichen Erhöhung durch den Wechsel in die Transpositionsebene +3 (A-Dur/Fis-Moll) ein. Zum anderen werden zwei mehrtaktige Akkordfolgen auf den Stufen VI | IV | VI | IV | II IV | I | V (2×) und II IV | I | V (2×) aneinander gereiht.

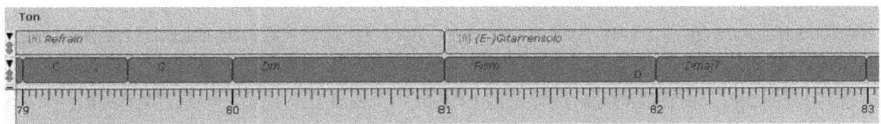

Abbildung 4.17 Tonartwechsel (Rückung) während des Gitarrensolos

Das solistische Spiel selbst bringt eine – wenn auch zeitlich limitierte – agogisch-dynamische Qualität in die Aufnahme des Songs. Klangliche Grundlage des Solos bildet ein unverzerrter Gitarrensound, der auf keine weiteren klar erkennbaren Klangprozessoren zurückgreift. Durch das improvisatorische Zusammenspiel von Soloinstrument und begleitenden Instrumenten wird eine Steigerung bzw. Dynamisierung des musikalischen Geschehens eingeleitet. Die in der

---

113 In der zweiten und dritten Bridge wird die Klangtextur zudem durch eine einstimmige Background-Vokalise auf dem Laut ›Ooh‹ verdichtet.
114 In der Bridge wird diese Pendel-Harmonik als Am und Fmaj7 ausgelegt. Die Gitarre spielt durchgehend auf Am, während der Bass auf F wechselt.

ersten Songhälfte etablierte periodische Beständigkeit – auf formaler, rhythmischer und harmonischer Ebene – wird durch den organisch-linearen Verlauf des Solos temporär unterbrochen. Das musikalische Geschehen richtet sich verstärkt an der instrumentalen Performanz der Akteure auf.[115]

4.2.4 Bild-Text-Ton-Korrespondenzen

Die finale Feinanalyse von Bild-Text-Ton-Relationen wird an einer Beispielsequenz durchgeführt. Diese beginnt in Minute 2:16 mit einem Schnitt auf die Figur John, die ein Filmstudio-Setting durchläuft, und endet in Minute 3:28 mit den Figuren Anthony und Flea, die auf einer überdimensionalen Libelle sitzend durch Hochhäuserschluchten fliegen. Parallel hierzu verlaufen die zweite Hälfte des dritten Zwischenspiels und die vierte Strophe, die zweite Bridge und der zweite Refrain-Einsatz.[116] Im untersuchten Abschnitt sind erzählte Zeit und Erzählzeit des Dargestellten identisch. Zunächst befindet sich die Hauptfigur John in einer konstanten Laufbewegung auf einer Straße. Die Figur überspringt eine Schranke und weicht einem Polizisten aus. Diese Figurenkonstellation und die Schranke weisen die Figur John als Eindringling aus, im Sinne eines Action-Videospiels benötigt die Situation eine Form der Konfliktlösung, die hier ohne Konfrontation durch das Abbiegen der Figur in die Räumlichkeiten eines Filmstudios erfolgt. Die beschriebene Konstanz der Bewegung ist auch hinsichtlich der Ebene des Darstellenden zu erkennen. Bei den Elementen der Mise-en-cadre handelt es sich um eine halbtotale Einstellung aus Normalsicht und Verfolgerperspektive, die Kamerabewegung ist eine Verfolgungsfahrt im Raum. Die Mise-en-scène ist der Videospielästhetik angepasst, Farbgebung und Farbspektrum wirken entsprechend künstlich und animiert.

Im Verlauf der vierten Strophe durchläuft die Figur John u. a. den Spielraum eines Science-Fiction-Sets. Die Elemente der Mise-en-cadre bleiben hierin nahezu unverändert, in der Mise-en-scène werden Licht und Farben dunkler. Der Strophentext »Space may be the final frontier but it's made in Hollywood basement« beginnt gleichzeitig mit dem Betreten der Science-Fiction-Szenerie, wo-

---

115 Diesbezüglich ist zu ergänzen, dass sowohl das individuell solistische Spiel als auch das Zusammenspiel der drei Instrumentalisten nicht in einem Gestus ungestümer Wildheit kulminiert. Diese Form der moderaten Gestaltung instrumentaler Passagen ist vornehmlich in den späteren Alben der Band seit *One Hot Minute* (1995) vorzufinden.
116 Der Schnitt zu Beginn der Beispielsequenz erfolgt kurz vor der ersten Zählzeit im dritten Takt des dritten Zwischenspiels.

durch »space« illustrierend visualisiert wird.[117] Darüber hinaus zeigt das Bild-Text-Korrelat an dieser Stelle auf, wie sich in der Kürze einer Gesangsphrase ein Mehr an kulturellen Bedeutungszusammenhängen aufbaut. So werden an besagtem Punkt dem Rezipienten zwei kulturelle Sinnfiguren, die auf Kalifornien rekurrieren, ins Gedächtnis gerufen: Zum einen der Science-Fiction-Film an sich, der ab ovo den Entwicklungsverlauf des Films mitgeprägt hat und im kulturellen Gedächtnis der westlich-abendländischen Hemisphäre zu einer Art medialem Grundmotiv geronnen ist, und zum anderen die Filmindustrie selbst, die stets von Neuem menschliches Handeln in seinen Möglichkeiten und Grenzen in Form von Geschichten und bewegten Bildern inszeniert.[118] Im unmittelbaren Fortlauf der Szene wird die Sinnfigur ›Filmindustrie‹ weiter auskommentiert. Parallel zur Textpassage »But it's made in Hollywood basement« durchläuft die Figur John den Drehort eines Erotik-Films. Hierdurch wird ein gar nüchternes Bild des Hollywood-Films gezeichnet: Er erscheint als bloßer ›Ausstoß‹ einer Ansammlung von Produktionsstätten (siehe oben).[119]

---

117 Bei Goodwin (1992: 86) handelt es sich um eine Illustration des Texts durch das Bild, wenn »[…] the visual narrative tells the story of the song lyric«. Das Beispiel zeigt, dass dies jedoch nicht pauschal für einen gesamten Clip konstatiert werden kann, vielmehr handelt es sich hierbei um eine punktuelle Visualisierung einer der vielen möglichen Deutungen des Wortes ›space‹. Somit kann es sich nach Goodwin (1992) ebenso um eine ›amplification‹, also eine Erweiterung der Bedeutung des Songtexts durch die Bildebene handeln. In der Feinanalyse von Bild, Text und Ton lässt sich feststellen, dass sich der gesamte Clip zu *Californication* zwischen diesen beiden Visualisierungsstrategien bewegt.
118 Bereits die vorherige Strophe thematisiert mit »It's understood that Hollywood sells californication« die Künstlichkeit und die kommerzielle Ausrichtung der Traumfabrik Hollywood. Dieses negativ konnotierte, der ›fornication‹ zugehörige Hollywood, wird in den folgenden Spielräumen der Beispielsequenz ausgedeutet.
119 Weitere Bezüge zur Filmindustrie und ihren Versprechungen finden sich in der ersten Strophe: Die Figur John läuft zu der Zeile »Little girls from Sweden dream of silver screen quotations« an einer jungen blonden Frau vorbei, die auf dem ›Hollywood Walk of Fame‹ vor einer Casting-Agentur aus einem Bus steigt. Diese Bild-Text-Relation spielt dabei auf zwei Aspekte an: Erstens auf das blonde, weibliche Schönheitsideal und zweitens durch die zurückgelegte Distanz von Schweden nach Hollywood auf die Distanz zwischen Realität und Traum. Der ›Hollywood Walk of Fame‹ taucht in der dritten Strophe in der Zeile »And buy me a star on the boulevard« als Sinnbild für das Ideal von Geld und käuflichem Ruhm erneut auf, die Textzeile »Pay your surgeon very well to break the spell of aging« in Bridge 1 und 3 erweitert dieses um die Ebene des Körpers: Will man Hollywoodideal gerecht werden und die Schauspielkarriere fortführen, benötigt man genügend Geld für eine Schönheitsoperation, ansonsten findet man sich in Magazinen wie Celebrity Skin wieder. In Strophe 3 läuft die Figur Flea zu dem Text »A teenage bride with a baby inside« an einer jungen, schwangeren Frau vorbei, die vor einer Waldhütte steht. Dieser Bild-Text-Zusammenhang verweist auf die sozio-ökonomische Situation jener einfachen, eventuell ungebildeten (Land-)Bevölkerung, die den naiven Traum von ›California‹ träumt, der

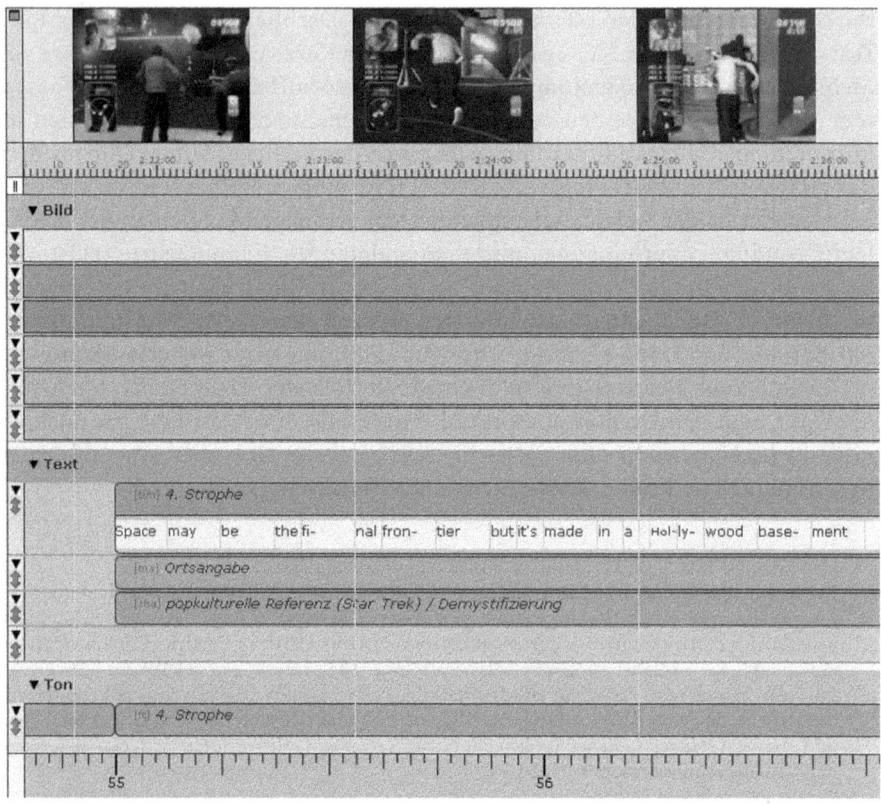

Abbildung 4.18 Illustrative Bild-Text-Ton-Korrespondenz

Der hier beschriebene Strophen-Abschnitt ist durchaus repräsentativ für die Gesamtheit der computeranimierten Strophen-Passagen. So ist ebendiesen eigen, dass auf Bild- und Textebene eine Vielzahl an Vor- und Rückbezügen sowie diverse punktuelle Bild-Text-Korrespondenzen hergestellt werden. Die Klarheit der Aussprache, die melodische Repetition im kleinen Ambitus sowie der allgemein transparente Sound in der Strophe bilden im Zusammenschluss einen klanglichen Ruhepol zu dieser semantischen und figürlichen Reizdichte. Ferner

in ›fornication‹ endet, sowie auf die personal-körperlichen Umstände, welche die Erfüllung dieses Traums zugleich verhindern (zu den Bild-Text-Relationen siehe auch 4.2.5).

ist mit Blick auf die Animationspassagen interessant, dass sich die Bild-Text-Relationen vor allem am visuellen Element der Spielfigur verdichten. Dies wird im dritten Spielraum des beschriebenen Abschnitts deutlich, der unmittelbar auf das Pornofilm-Set folgt: Hier entsteht durch das Innehalten der Kamera eine seitlich veränderte Verfolgerperspektive. Der Spielraum (angedeutet als Film-Set eines Historienfilms) wird daher nicht komplett einsehbar, jedoch bleibt das Bild der Mona Lisa als Referenzobjekt zu Leonardo da Vinci und als Symbol der Hochkultur im Blickfeld der Kamera.[120]

Im Verlauf der Beispielsequenz zeigt sich, dass die Spielfigur in hoher Schrittfrequenz divergente, z. T. kontrastierende Erfahrungsräume durchschreitet. Bildanalytisch betrachtet ist diese Abfolgelogik als tragendes narratives Element zu bewerten. Für den integrierten Blick auf den Clip als Bild-Text-Ton-Komposition ist jedoch entscheidend, dass sich in dieser Abfolgelogik eine strukturelle Ähnlichkeit der Bildebene zur inkohärenten, kryptisch anmutenden Anordnung des Textmaterials manifestiert. Man kann durchaus argumentativ einen Schritt weitergehen und von einer strukturellen Parallelität von Text und Bild in den Bridge- und Strophe-Abschnitten sprechen. Jener Aspekt der strukturellen Parallelität meint, dass beide Materialebenen unter Berücksichtigung der jeweiligen Konstitutionslogik eine ähnliche Ereignis-Frequenz aufweisen. Direkte Visualisierungen des Songtextes sind infolge möglich, aber nicht zwingend vorgegeben. Im Falle von *Californication* ist die Ereignis-Frequenz als hoch zu bewerten. So kommt es innerhalb dieses rhythmischen Rahmengerüsts in unregelmäßigen Abständen zu punktuell-illustrativen Korrespondenzen, durch die Bildgeschehen und Textgeschehen im Sinne kommunikativer Kohärenz aufeinander bezogen werden.[121] In den ausgedehnten Passagen dazwischen – quantitativ bei Wei-

---

120 Die Stelle wird mit der Textzeile »Cobain can you hear the spheres singing songs off station to station« kombiniert, in der zum einen Kurt Cobain namentlich genannt und zum anderen auf das 1976 erschienene David Bowie Album *Station to Station* angespielt wird. Folglich wird die Kontrastierung an dieser Stelle qualitativ-kulturell konnotiert. Das bedeutet, Mona Lisa, Kurt Cobain und David Bowie funktionieren als Symbole, die im Zusammenschluss auf eine (positive) Erfahrungswelt jenseits des im Songtext thematisierten Phänomens der ›Californication‹ verweisen. Der Songtext nimmt auch an anderen Stellen Bezug zur populären Musik, so ist »Celebrity skin« nicht nur ein Print-Magazin sondern auch ein Album der Band Hole, deren Frontfrau Courtney Love die Witwe des zuvor genannten Grunge-Idols Kurt Cobain ist. Die Textzeile »And earthquakes are to a girl's guitar they're just another good vibration« beinhaltet neben der direkten Referenz zum (Rock-)Gitarrespielen auch jene auf den Song *Good Vibrations* der Band Beach Boys, die über einen gewissen Zeitraum Kalifornien als Mischung aus Sonne, hübschen Frauen und schnellen Autos repräsentierten.
121 Weitere direkte Visualisierungen des Textmaterials finden sich in Minute 0:24 (»Psychic spies from China« – fernöstlich anmutende Figur), 0:29 (»Little girls from Sweden« – blonde, tou-

tem dominierend – wird hingegen ein Ereignisspektrum bereitgestellt, das eine größere Wahrnehmungs- und Deutungsoffenheit aufweist. Dass dieses kompositorische Vorgehen in Bezug auf den Song *Californication* sinnvoll ist, verdeutlicht folgendes Gedankenexperiment: Man stelle sich vor, der Regisseur hätte versucht, die ohnehin schon kryptischen Textaussagen direkt zu visualisieren. Der Clip, nun ohne Vor- und Rückbezüge, allerdings mit einer Fülle an punktuell-illustrativen Korrespondenzen ausgestattet, wäre mit einiger Sicherheit zu einer ermüdenden Angelegenheit für die Zuschauenden geworden.

Im weiteren Verlauf der Sequenz erfolgt ein Schnitt (2:30), denn die Figur John hat im Spielraum ›Film-Set‹ einen Endpunkt erreicht. Handlungssubjekt und -ort wechseln, der Spielraum ist nun die Golden Gate Bridge, auf der die Figur Chad mit einem Snowboard surft. Direkte Visualisierungen des Songtextes finden im Folgenden nicht statt, jedoch wird mit der Golden Gate Bridge ein ikonenhaftes Symbol gezeigt, das den Bogen zur übergeordneten Kalifornien-Thematik spannt. Aus der Verfolgerperspektive schwenkt die Kamera um die Spielfigur Chad herum, während diese einen hohen Sprung über einen der Brückenpfeiler vollführt (2:37). Der Moment, in dem die Spielfigur zum Sprung ansetzt, kann als eine bedeutende Schnittstelle im Bild-Ton-Verhältnis angesehen werden, denn der Impuls des Springens verläuft nahezu kongruent zur Zählzeit 1 im ersten Takt der Bridge (siehe Abb. 4.19). Von nun an scheint es, als würde die Musik den ›Ton‹ im intertextuellen Zusammenspiel von Bild, Text und Musik angeben. Hiernach findet die im vorangegangenen Abschnitt beschriebene klangliche Verdichtung der Bridge ihre Entsprechung in der Dynamisierung des Bildgeschehens. In einer kurzen Übergangssequenz trifft die etablierte Figur Chad auf die Figur Anthony, die in einem Cabriolet sitzend eine rasante Fahrt durch verschiedene urbane Szenen vollzieht. Das Cabriolet fährt zunächst über einen stark befahrenen Highway, durch den laufenden Autoverkehr und eine Kontrollstelle hindurch. An einer Abzweigung springt der Wagen durch ein Autobahnkreuz auf die darunterliegende Straße und fährt weiter mit überhöhter Geschwindigkeit durch die hügeligen Straßen einer Stadt, die aufgrund ihrer räumlichen Gegebenheiten San Francisco darzustellen scheint. Mit der Fahrt durch dieses urbane Setting werden vornehmlich die lokalen Referenzen auf Kalifornien erweitert, eine Weiterentwicklung der Figuren, ihrer Fähigkeiten oder gesteigerte Schwierigkeitsgrade der Spiellevel werden nicht markiert. Das Level

---

ristisch anmutende weibliche Figur), 2:02 (»A teenage bride with a baby inside« – Figur einer schwangeren Frau) sowie zeitlich versetzt in Minute 4:33 die Darstellung eines Erdbebens in einer metropolenhaften Umgebung (4:24: »And earthquakes are to girl's guitar«).

Dimensionen im Analyseprozess 115

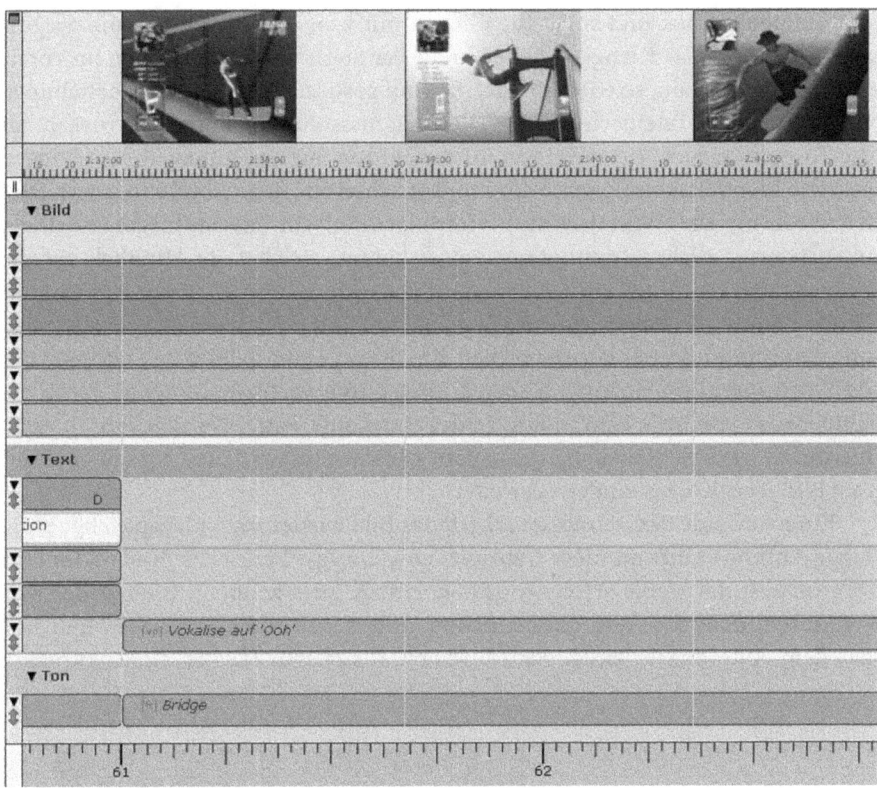

Abbildung 4.19 ›Impuls‹-Korrespondenz von Bild und Ton

endet mit der Aktivierung des Bild-im-Bild Performance-Würfels (3:07), ausgelöst durch die Figur Anthony, die mit dem Auto durch ein übergroßes Donut-Werbezeichen in das dahinter leuchtende Bandsymbol hinein springt.

Im anschließenden Performance-Abschnitt werden die realweltlichen Bandmitglieder zunächst wieder einzeln, zumeist in naher und halbnaher Einstellung aus Normalsicht gezeigt. Darauf folgt eine längere halbtotale Einstellung der gesamten Band aus frontaler Normalsicht in der oben erläuterten Formation. Auffallend in dieser Performance des Refrains ist die verstärkte, expressive Gestik der Aufführung, insbesondere von Bassist Flea, der im Rhythmus der Musik hüpft. Auch die Körperhaltung von Gitarrist John Frusciante ist im Vergleich zu den vorherigen Performancesegmenten deutlich extrovertierter, er lehnt sich in der Totalen zurück und spielt die Gitarre mit weit ausholenden Armbewegungen. Entspricht das Klanggeschehen an dieser Stelle weitgehend jenen im vorangegangenen Refrain, so tritt zu Tage, dass auf gestisch-körperlicher Darstellungsebene Ausdruck intensiviert wird. Die Ereignisse auf der Bildebene wirken auf die Tonspur zurück, sie gewinnen ihr die bislang nur andeutungsweise in Szene gesetzte Identitätskomponente des Emphatischen ab (siehe Abschnitt 4.2.3). Dies hat wiederum zur Folge, dass die Performance-Refrain-Passage insgesamt als ein intensiviertes Wahrnehmungsangebot erscheint, welches im Hinblick auf die Sukzessivität des Clips ein Gefühl von Entwicklung und Steigerung vermittelt. Hinzu kommt die höhere Schnittfrequenz, die in der ersten Hälfte des Refrains mit dem diminuierten harmonischen Rhythmus (nun halbtaktig statt ganztaktig) korrespondiert (in Abb. 4.20 markiert durch vertikale Montage-Elemente (Bildebene) und helle Umrandungen der Harmonie-Patterns (Tonebene)). Auch hierdurch wird die Reizdichte gesteigert. Gleichzeitig wird der Clip um eine weitere Bild-Ton-Korrespondenz erweitert.

Kurz vor Ende des Refrains wechselt das Bild wieder zur Videospielebene, die Figur Anthony fährt mit dem Cabriolet eine kurvige Bergstraße hinauf, im Hintergrund ist der weiße ›Hollywood‹-Schriftzug zu erkennen. In einer der Kurven durchbricht das Auto die Leitplanke und stürzt in die Tiefe, die Figur fällt aus dem Auto, macht einige Salti und landet auf dem Rücken einer vorbeiflie-

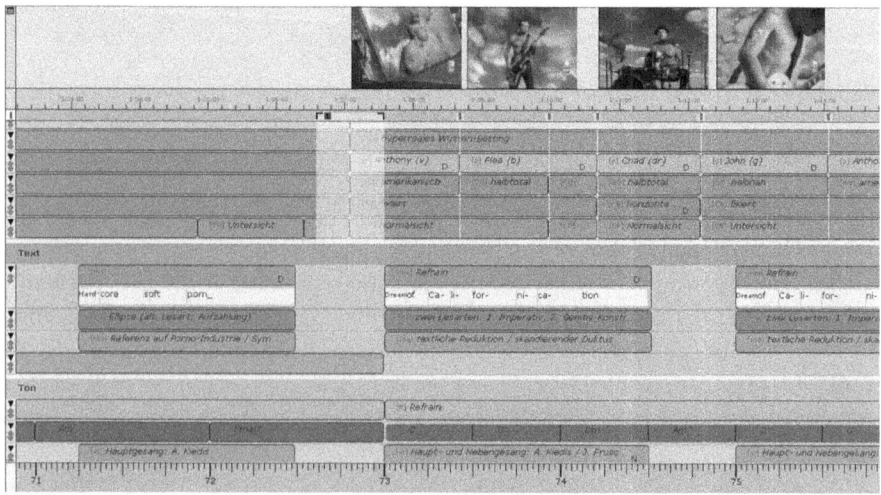

Abbildung 4.20 Korrespondenzverhältnis von Schnittfrequenz und harmonischem Rhythmus

genden, übernatürlich großen Libelle.[122] Der ›Hollywood‹-Schriftzug ist ein weiterer lokaler Verweis auf Los Angeles und die dort ansässige Filmindustrie, die Figur hat im Vergleich zu vorher den Ort und eventuell das Level gewechselt. Jedoch ist ein derartiger Mangel an Eindeutigkeit und Konstanz in den Spielwelten für die visuellen Bezüge zu Kalifornien weniger bedeutsam als deren generelle Herstellung an sich. Durch den vorrangegangenen Einschub der Performance in die Spielhandlung der Figur Anthony fällt dieser Bruch ohnehin weniger ins Gewicht.

Bilanzierend lässt sich festhalten, dass das Ziel dieses ›Videospiels‹ nur bedingt in der erfolgreichen Bewältigung der einzelnen Level als solchen liegt, sondern viel mehr im Aktivieren des Performance-Würfels durch den Kontakt der einzelnen Spielfiguren mit dem im Spielraum schwebenden roten Band-Emblem. Die Zusammenführung der Spielfiguren, deren gemeinsame Aktivierung des Performance-Würfels und ihre anschließende Verwandlung in die realen Red Hot Chili Peppers, auf die der Schriftzug »Game Over« folgt, ist so gesehen das endgültige Ziel des Spiels. Die Adaption der Ästhetik eines Action-Videospiels zieht dabei eine spezifische Form der Narrativität nach sich.

Letztlich ist es die Kombination aus virtuellen Computerspielwelten und -identitäten, inszenierten realweltlichen Identitäten der Band-Mitglieder und musikalischem Stil der Band, die den spezifischen Reiz dieses Musikclips ausmacht. Die Band fungiert gleichzeitig als Beobachter, Kommentator und unverwüstlicher Teilnehmer des paradoxen Geschehens der ›Californication‹. Inszeniert wird dieses Geschehen als schwindelerregendes (Computer-)Spiel, im selben Moment wird aus einem menschlichen Blickwinkel heraus gemahnt, dass dieses Spiel mit Vorsicht zu geniessen ist, denn es verlangt fast übermenschliche Fähigkeiten (siehe auch Keazor und Wübbena 2005: 387 ff.). Ein biographisches Detail, das diesem Clip einen weiteren Bedeutungsaspekt hinzufügt, ist die Tatsache, dass die Red Hot Chili Peppers ›Überlebende‹ des geschilderten Spiels sind. So praktizierten die Mitglieder Anthony Kiedis und John Frusciante über Jahre hinweg exzessiven Drogenmissbrauch, der sowohl in eigenen Songs thematisiert als auch in den Musik- und Boulevardmedien kommuniziert worden ist (siehe außerdem den folgenden Abschnitt). Für entsprechend eingeweihte Rezipienten wird somit die Ebene des tatsächlich Dargestellten begleitet durch das starke Identitäts-Motiv der existenziellen Verwundbarkeit.

---

122 Musikalisch betrachtet, geschieht die Platzierung auf der Libelle kurz nach der Zählzeit 1 des ersten Taktes des Gitarrensolos.

4.2.5 Kontextwissen

Im Anschluss an die vorangegangene Materialanalyse lässt sich anführen, dass sich das Musikvideo *Californication* als popkulturelles Artefakt ausnimmt, dessen spezifischer Reiz nicht zuletzt in einer Vielfalt von Anspielungen und Referenzen begründet ist. Der Song *Californication* und das gleichnamige Album markieren im Œuvre der Band Red Hot Chili Peppers (disko- und videografisch) eine Verdichtung der künstlerischen Auseinandersetzung mit dem Thema Kalifornien. Bereits in früheren Werken reflektiert die Band die lebensweltlichen Zusammenhänge in ihrem Heimatstaat. So thematisiert beispielsweise der Song *Under the Bridge* auf dem Album *Blood Sugar Sex Magik* (1991) das Gefühl der Isolation und Entfremdung des ›cleanen‹ Sängers Anthony Kiedis während der Zeit der Drogensucht seiner Bandkollegen. Die vertrauten Orte der Stadt werden zum einzigen Freund und Rückhalt, wenn Kiedis singt »Sometimes I feel like my only friend / Is the city I live in the city of angels / Lonely as I am together we cry«. Zugleich kennt er ihre gefährlichen Orte »Under the bridge downtown«, an die er nicht mehr zurückkehren wird. Das dazugehörige Musikvideo präsentiert diese Hommage an Los Angeles sowohl als Performance von Kiedis, der singend durch die Stadt läuft, als auch als Band-Performance, die durch verschiedenartiges, illustratives Bildmaterial im Hintergrund symbolisch aufgeladen wird (siehe auch Abb. 4.21).

Das Album *Californication* (1999) enthält über den genannten Titelsong hinaus eine ganze Reihe weiterer Textreferenzen auf Kalifornien, wodurch sich durchaus die Bezeichnung als Konzeptalbum rechtfertigen ließe. Die Musikvideos zu den weiteren als Singles ausgekoppelten Songs nehmen dabei auf unterschiedliche Art und Weise Bezug zu den songtextlichen Anspielungen. So heißt es im Song *Around the World* unter anderem »I try not to whine but I must warn ya 'bout the girls from California«. Das Musikvideo visualisiert dies jedoch nicht, sondern zeigt eine durch visuelle Effekte verfeinerte Band-Performance. Im balladenhaften Song *Road Trippin'* singt Kiedis »In Big Sur[123] we take some time to linger on«, dazu sind im Musikvideo die Bandmitglieder in einer privat anmutenden Räumlichkeit mit Blick aufs Meer beim gemeinsamen Musizieren zu sehen. Die Visualisierungen werden in *Road Trippin'* teilweise aber auch konkreter, z. B. wenn die Textzeile »And let us check the surf« mit Szenen surfender Jugendlicher unterlegt ist.

---

123 Big Sur ist ein ca. 100km langer Küstenstreifen im US-Bundesstaat Kalifornien zwischen den Städten San Simeon im Süden und Carmel im Norden.

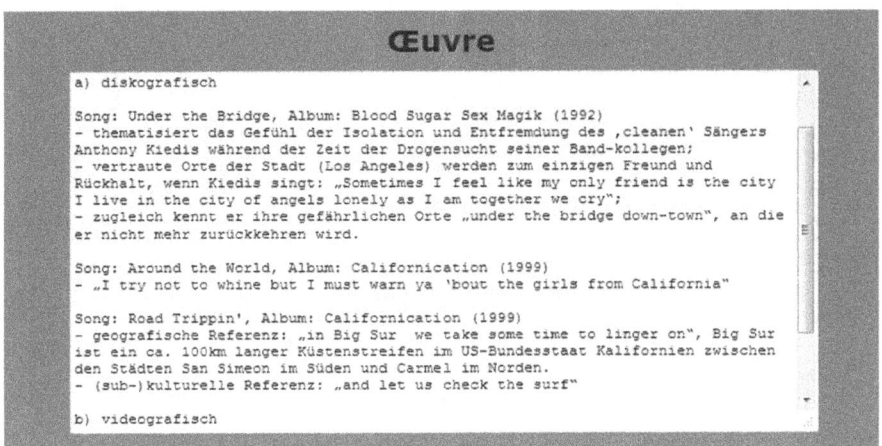

Abbildung 4.21 Bezugnahmen auf Kalifornien im Œuvre der Red Hot Chili Peppers (disko- und videografisch)

Der Song *Californication* beinhaltet, wie oben angedeutet, eine Vielzahl an Metaphern und Verweisen, welche vor allem die Kehrseiten des vordergründig zur Schau gestellten ›American Dream‹ beleuchten. Dies beginnt bereits mit dem Songtitel, der ein Kofferwort aus ›California‹ und dem englischen ›fornication‹ (dt.: Unzucht) darstellt. Der Ausdruck stand ursprünglich synonym für die ab den 1950er Jahren aufkommende, unkontrollierte Bevölkerungsausdehnung in den ariden Gebieten Südkaliforniens, die schließlich in die massenhafte Migration der kalifornischen Bevölkerung in die angrenzenden Bundesstaaten mündete (siehe auch Abb. 4.22). Der Begriff ›Californication‹ wurde zunehmend als abschätziges Synonym für die kalifornische Lebensweise verwendet, deren Ausbreitung durch regelrechtes Aussperren der kalifornischen Bevölkerung verhindert werden sollte (vgl. Burton 1972).

Im Songtext von *Californication* wird der kalifornische Lebenstraum vor allem über die Bedeutungsfelder Hollywood (»Buy me a star on the boulevard«) und Filmstar (»Little girls from Sweden dream of silver screen quotations«) und damit verbunden über Körper und Jugendlichkeit (»Pay your surgeon very well to break the spell of aging«) kritisch betrachtet und durch das Themenfeld der bigotten Sexualmoral (»A teenage bride with a baby inside«) sowie durch Naturbilder (»The sun may rise in the East at least it settles in the final location«) konterkariert.

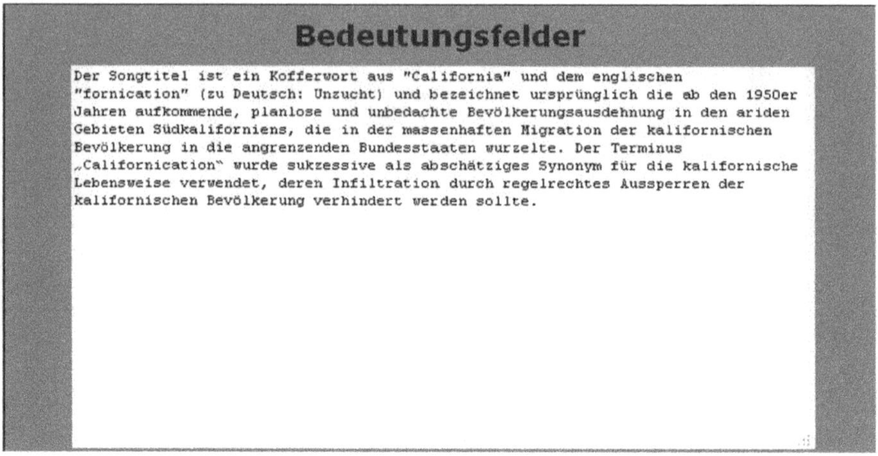

Bedeutungsfelder

```
Der Songtitel ist ein Kofferwort aus "California" und dem englischen
"fornication" (zu Deutsch: Unzucht) und bezeichnet ursprünglich die ab den 1950er
Jahren aufkommende, planlose und unbedachte Bevölkerungsausdehnung in den ariden
Gebieten Südkaliforniens, die in der massenhaften Migration der kalifornischen
Bevölkerung in die angrenzenden Bundesstaaten wurzelte. Der Terminus
„Californication" wurde sukzessive als abschätziges Synonym für die kalifornische
Lebensweise verwendet, deren Infiltration durch regelrechtes Aussperren der
kalifornischen Bevölkerung verhindert werden sollte.
```

Abbildung 4.22   Bedeutungsfelder in *Californication*

Auch auf den nachfolgenden Alben *By the Way* (2002) und *Stadium Arcadium* (2006) finden sich Verweise auf die *Californication*-Thematik. Mehrere Songs nehmen ausschnitthaft Bezug auf die Figur »Dani«, eine junge Frau, die am ›Lebensmodell‹ Kalifornien scheitert. Bereits im Song *Californication* heißt es: »A teenage bride with a baby inside« (siehe oben). In *Scar Tissue*, ebenfalls auf dem Album *Californication*, könnte sie mit den Worten »Young Kentucky girl in a push-up bra« und »Southern girl with a scarlet drawl« umschrieben worden sein. Im Song *By the Way* (2002) wird es dann konkret: »Dani the girl is singing songs to me beneath the marquee«. Schließlich findet sich auf dem Album *Stadium Arcadium* (2006) der Song *Dani California*. Die Strophen dieses Songs kontrastieren den ›American Dream‹ mit dem entbehrungsreichen und unsteten Lebensweg besagter »Dani« und verdeutlichen somit die Differenz zwischen Wunsch und Wirklichkeit. Im Refrain von *Dani California* wird auch Kalifornien explizit genannt, die Textzeile »California rest in peace, simultaneous release, California show your teeth, she's my priestess, I'm your priest« deutet einen Abgesang auf den kalifornischen Lebensstil an.

4.3 Darstellung und Verwertung

Neben der eigentlichen Analysearbeit ist die Möglichkeit der Darstellung und Veröffentlichung der Analyseergebnisse ein wesentlicher Aspekt des wissenschaftlichen Arbeitens. In diesem Sinne ist es ein Kernbestandteil von *trAVis*, aktuelle Projekte in Form von PDF-Dokumenten verstetigen zu können. Hiermit ist zusätzlich zu den traditionellen Anwendungsbereichen (Publikation, Präsentation, Hausarbeit und Handout) die Möglichkeit geschaffen, die eigenen Dateien außerhalb des Programmzusammenhangs zu sichern.

Der Exportbereich umfasst immer das Analysefenster bzw. einen auszuwählenden Teilbereich. Beide Darstellungsoptionen werden prinzipiell in der zuletzt aktuellen Ansicht, d. h. gemäß den Zeilen-, Pattern- und Leisteneinstellungen (minimiert/maximiert), wiedergegeben. Das Exportmenü kann direkt aus der Analyseansicht eines geöffneten Projekts oder über das jeweilige Projektmenü in der Projektliste gestartet werden. Es beinhaltet die Einstellungen »Ausgabe-Op-

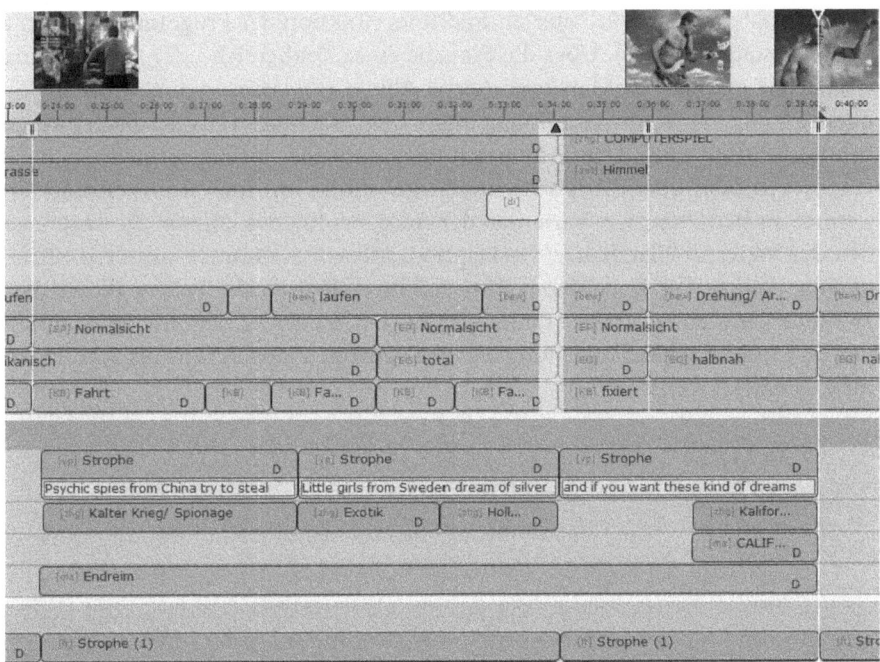

Abbildung 4.23 In der Zeitleiste des Analysefensters markierter Exportbereich

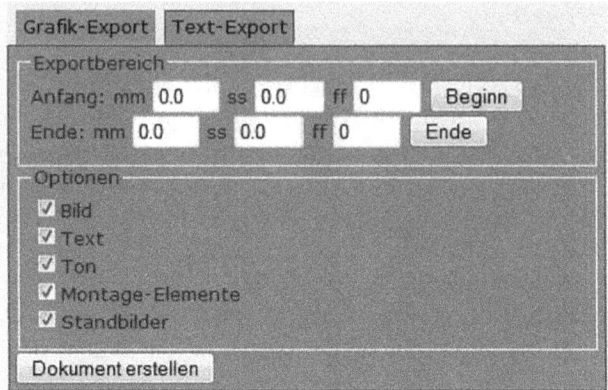

Abbildung 4.24   Auswahl des Bereichs für den Text-Export

tionen« (Graustufen, Farbe, Maßstab), »Ausgabebereich« und »Komponenten« (Bild, Text, Ton, Zeichnungen, Montage-Elemente, Standbilder). Die Eingabe des Maßstabs folgt der erläuterten Maßstab-Funktion der Programmoberfläche (siehe Abschnitt 4.1.4.e). Über die Eingabe eines Zeitbereichs, der auch im Analysefenster markiert werden kann (siehe Abb. 4.23), lassen sich gewünschte Sequenzen oder auch einzelne Phänomene des Videomaterials gesondert ausgeben (siehe Abb. 4.24). Der Zeitbereich kann entweder im Exportmenü manuell eingegeben oder über den Positionsanzeiger direkt im Analysefenster markiert werden. Es bestehen zwei Varianten der Ausgabe: Erstens können die Texteingaben der Patterns (Platzhalter, Deskription, Memo) zusammen mit dem Kürzel und der Angabe der Dauer eines Patterns chronologisch als Text erstellt werden; zweitens kann das erstellte Transkript (Pattern, Zeilen, Zeichnungen, Standbilder etc.) in grafischer Darstellung auf einer einzigen langen Seite als PDF-Dokument generiert werden.

5 Zusammenfassende Bemerkungen

Die bisherigen Ausführungen haben deutlich gemacht, dass audiovisuelle Medienprodukte im Allgemeinen und Musikvideos im Besonderen in historischer, ästhetischer und systematischer Hinsicht einen eigenen Gegenstandsbereich konstituieren, der spezifische Methoden und methodische Instrumente zur gegenstandsangemessenen Erforschung erfordert. Plausibilisiert wurde dies vor allem an der Gattung des Musikvideos als spezifischem und hinsichtlich audiovisueller Kompositionalität als paradigmatischem Fall audiovisueller Produkte. Musikvideos subvertieren häufig die scheinbar »natürliche« bzw. der medial unvermittelten Alltagswahrnehmung analogen Beziehung der symbolischen Ebenen von Bild, Text und Ton, wie sie in illusionistischen Film- und Fernsehprodukten üblich ist. Sie betonen und spielen mit der Artifizialität medialer Audiovision, jedoch nicht ohne ein – wenn man so möchte – sekundäres audiovisuelles Ordnungssystem zu etablieren, welches sich an der musikalischen (Live-)Performance bzw. am Prozess musikalischer Klangerzeugung orientiert. Die (unterstellte) Aufeinanderbezogenheit von tonalem und visuellem Ereignis im Akt der Klangerzeugung kann als (imaginärer) Ankerpunkt für die Bestimmung von Prozessen der Artifizialisierung bzw. Naturalisierung gelten (siehe Abschnitt 2.1.4). Die besondere Bauweise des Clips lässt sich davon ausgehend als Produkt spezifischer soziokultureller und -ökonomischer Bedingungen begreifen, da seine Existenzgrundlage in der werbewirksamen Visualisierung eines vorgängigen Produkts (Song) besteht, dessen Vorhandensein auf Klangerzeugungen beruht. Insgesamt sind Clips auf diese Weise einerseits als Innovationen audiovisueller Medienprodukte lesbar, die aufgrund ihrer spezifischen Produktionsbedingungen ästhetische Grenzen überschreiten. Andererseits stellt der Clip bzw. die Clipforschung einen phänomenal bzw. theoretisch relativ überschaubaren Bereich dar, welcher sich aus eben dieser Spezifität des Gegenstands ergibt. Vor diesem Hintergrund dienten Musikvideos dem vorliegenden Band als Paradefall, um methodische Probleme der Transkription, Analyse und Interpretation audiovisueller Produkte und deren Lösungen zu erörtern.

Audiovisuelle Medienprodukte im Allgemeinen und Musikvideos im Besonderen sind als sinnstrukturierte Gebilde einer hermeneutischen Analyse zu unterwerfen, welche sowohl produktimmanente (siehe die Abschnitte 4.2.1–4.2.4) als auch produktexmanente (siehe Abschnitt 4.2.5) Sinnstrukturen rekonstruiert und sie aufeinander bezieht. Grundsätzliches Problem für eine solche Analyse im Falle von Videoclips als paradigmatischem Fall audiovisueller Kompositionen ist die Flüchtigkeit bzw. Zeitlichkeit des Phänomens, häufig im Zusammenschluss mit schnell geschnittenen Bildern, die Mehrebenenstruktur der Sinnkonstitution (Bild/Text/Ton) sowie die daraus resultierende Dichte des Gesamtphänomens. Dichte kommt vor allem dadurch zustande, dass innerhalb eines relativ engen Zeitraums sowohl die Sinnstrukturen der einzelnen Ebenen für sich als auch die jeweiligen Korrespondenzen (zwischen einzelnen Ebenen oder allen Ebenen) zu berücksichtigen sind (siehe insbesondere Abschnitt 4.2.4). Um dieser Komplexität gerecht zu werden und sie angemessen rekonstruieren zu können, bedarf es eines analytischen Zugriffs, welcher die immanenten Sinnstrukturen audiovisueller Medienprodukte in eine entsprechende Transkription übersetzt, sie also dergestalt ›umschreibt‹, dass die einzelnen Ebenen der Sinnkonstitution (Bild/Text/Ton) sowohl für sich als auch in Hinblick auf Zeitlichkeit und wechselseitige Korrespondenzen greifbar werden. Zudem ist es zwingend, während einer solchen Sinnrekonstruktion in Anspruch genommene exmanente Sinnbezüge (Bedeutungsfelder, Genre und Œuvre) systematisch festzuhalten, um auf diese Weise Interpretationen intersubjektiv nachvollziehbar zu machen.

Erst die analytische Aufschlüsselung und visuelle Transparenzmachung der zeitlichen Synchronstruktur von Ton/Musik, Bewegtbild und gesungenem Songtext vor dem Hintergrund exmanenter Sinnbezüge erlaubt einen gegenstandsangemessen Zugang zu Musikvideos bzw. audiovisuellen Medienprodukten. Entscheidend und damit unabdingbar zur Analyse solcher Produkte – so sollten die vorgehenden Ausführungen deutlich gemacht haben – ist damit die Möglichkeit, produktimmanente Sinnstrukturen schriftlich/grafisch zu fixieren (Transkription, ›Umschreibung‹) bei gleichzeitiger Notation produktexmanenter Sinnbezüge. Ersteres liefert zugleich eine möglichst interpretationsarme Beschreibung (Deskription) als Grundlage für Analyse und Interpretation (siehe hierzu ausführlich Kapitel 3). Dabei ist der Computer als technisches Hilfsmittel unabdingbar, so dass die Lösung des Problems in der Entwicklung einer geeigneten Software liegt. Als ein solcher Lösungsversuch ist die Web-Applikation *trAVis* zu verstehen, welche ausgehend von Fragen der Gegenstandskonstitution (Audiovision/Musikvideo) und damit zusammenhängenden Problemen gegenstandsadäquater Methoden(instrumente) ihren Ausgang nahm. *trAVis* als »Musikzentriertes Transkriptionsprogramm für audiovisuelle Medienprodukte« ist damit eine computertechnische Umsetzung sozial- und kulturwissenschaftlicher Methodenprobleme, wie sie vornehmlich im Zuge einer zunehmenden Medialisierung und Komplexierung von Medienformen virulent geworden sind (siehe Abschnitt 3.2). Dabei waren vor allem zwei Aspekte von Bedeutung, die in bisherigen methodischen Zugängen zu audiovisuellen Medienprodukten, allen voran den Musikclips, vernachlässigt wurden und daher als Desiderat erschienen: Erstens die angemessene Berücksichtigung und vor allem die visuelle Transparenzmachung immanenter Korrespondenzverhältnisse und exmanenter Sinnbezüge, was die Voraussetzung dafür darstellt, eine audiovisuelle Komposition aufgeschlüsselt und damit gegenstandsangemessen rekonstruiert zu haben. Und zweitens die angemessene Berücksichtigung tonaler (musikalischer/klanglicher/ stimmlicher) Phänomene, welche insbesondere in Hinblick auf ihre Transkription bisher hoch problematisch erschienen, da eine zeit- und bildsynchrone Notation tonaler Phänomene bislang nicht möglich war.

Wie die exemplarische Fallanalyse des Clips zum Song *Californication* in Kapitel 4 deutlich gemacht hat, bietet *trAVis* sowohl zur Transparenzmachung immanenter Korrespondenzverhältnisse sowie zur Annotierung exmanenter Sinnbezüge als auch zur angemessenen Integration tonaler Phänomene und Sinnstrukturen in die Transkription vielerlei Möglichkeiten: Grundsätzlich lässt es *trAVis* zu, sowohl die spezifische Beschaffenheit der unterschiedlichen Symbolebenen (Bild, Text, Ton) als auch deren Relationen mit Hilfe von Bausteinen (Patterns) zu visualisieren. *trAVis* greift hierzu auf vorgegebene Analysekategorien zurück, die in intensiver Auseinandersetzung mit dem Gegenstand (Musikvideo/AV-Medien) entwickelt wurden. Phänomene der Bild-, Text- und Tonebene lassen sich dabei synchron zur Zeit sowie zur Taktstruktur des Songs notieren und sie sind zudem mit dem Clip-Fenster, in dem der zu analysierende Clip abgespielt werden kann (Player), aligniert. Eine entsprechende vertikale Laufleiste bzw. entsprechende Eingabefenster ermöglichen dabei sekunden- bzw. framegenaues Navigieren. Zur zeitlichen Einbettung der Musikebene in die Transkription ist es mit *trAVis* möglich, eine Taktleiste der Zeitschiene anzupassen, so dass sowohl die Klangnotationen (Noten) als auch der schriftlich fixierte Songtext (= Text im Metrum) synchron zu Zeit und Takt des Clips bzw. des Musikstücks notiert werden können. Resultat ist, dass Zeit- und Materialverhältnisse, also welche Bilder, Klänge, Rhythmen und Textzeilen sich zu welchen Laufzeiten und Takten ereignen, festgehalten und so grafisch visualisiert werden können. In der Analyse von audiovisuellen Medienprodukten und insbesondere von Musikclips hat sich ein solch akribischer Nachvollzug der zeitlich strukturierten Materialverhältnisse zum Verständnis des Produkts als unabdingbar erwiesen. *trAVis* bietet nun die Möglichkeiten, einen solchen Nachvollzug computertechnisch zu unterstützen, so dass Analyseergebnisse akkumuliert, visualisiert (und damit veranschaulicht) und nicht zuletzt in Hinblick auf die Darstellung von Forschungsergebnissen synthetisiert (siehe Abschnitt 4.3) werden können. Die Fallanalyse in Kapitel 4 hat dies exemplarisch vor Augen geführt. Als kostenlose Web-Applikation (www.travis-analysis.org) bietet *trAVis* zudem den Vorteil, ein über das Internet frei zugängliches und vor allem auch ortsunabhängiges gemeinsames Arbeiten an Projekten zu ermöglichen.

Natürlich ersetzt ein Computerprogramm nicht die eigentliche, hermeneutische Analysearbeit, aber es kann diese enorm erleichtern und darüber hinaus – gerade im Fall audiovisueller Kurzformate, welche häufig viele sinnliche Eindrücke in kurzer Zeit darbieten – diese erst ermöglichen. In diesem Sinn ersetzt *trAVis* keine Analyse, aber es hilft, relevante Sinnzusammenhänge, die einer Analyse bedürfen, überhaupt erst zu entdecken und angemessen zu notieren. *trAVis* versteht sich damit als Versuch, einen Beitrag zur angemesseneren Protokollierung sozialer Wirklichkeit als Voraussetzung für die Interpretation zunehmend komplexer werdender medialer Wirklichkeiten zu leisten.

Quellenverzeichnis

Literatur

Abt, Dean (1988): Music video. Impact of the visual dimension. In: Lull, James (Hrsg.): Popular music and communication. London: Sage, S. 96–111.
Altman, Rick (1980): Moving Lips: Cinema as Ventriloquism. In: Yale French Studies: Cinema/Sound, Nr. 60, S. 67–79.
Altrogge, Michael (1992): Der Videoclip. Die neue Form des Starkults. In: Bertelsmann Briefe 128, S. 25–28.
Altrogge, Michael (1993): Von der Bilderflut zum Bewusstseinsstrom. Überlegungen zur musikalischen Organisation von Raum und Zeit in Musikvideos. In: Naumann, Barbara (Hrsg.): Vom Doppelleben der Bilder. Bildmedien und ihre Technik. München: Fink, S. 221–234.
Altrogge, Michael (1994a): Alphabet Street. Prince oder die Kunst der Re-de-Konstruktion. In: Paech, Joachim (Hrsg.): Film, Fernsehen, Video und die Künste. Strategien der Intermedialität. Stuttgart: Metzler, S. 239–261.
Altrogge, Michael (1994b): Das Genre der Musikvideos. Der Einfluss von Musik auf die Wahrnehmung der Bilder. Selektions- und Generalisierungsprozesse der Bildwahrnehmung in Videoclips. In: Bosshart, Louis; Hoffmann-Riem, Wolfgang (Hrsg.): Medienlust und Mediennutz. Unterhaltung als öffentliche Kommunikation. München: Öhlschläger, S. 196–214.
Altrogge, Michael (1994c): Video-Rock – Visuelle Re-de-Konstruktion musikalischer Stilistik? Ergebnisse einer experimentellen Erhebung. In: Faulstich, Werner; Schäffner, Gerhard (Hrsg.): Die Rockmusik der 80er Jahre. Bardowick: Wissenschaftlicher Verlag, S. 152–168.
Altrogge, Michael (2001a): Tönende Bilder. Interdisziplinäre Studie zu Musik und Bildern in Videoclips und ihre Bedeutung für Jugendliche. Bd. 1: Das Feld und die Theorie. Berlin: Vistas.
Altrogge, Michael (2001b): Tönende Bilder. Interdisziplinäre Studie zu Musik und Bildern in Videoclips und ihre Bedeutung für Jugendliche. Bd. 2: Das Material: Die Musikvideos. Berlin: Vistas.
Altrogge, Michael (2001c): Tönende Bilder. Interdisziplinäre Studie zu Musik und Bildern in Videoclips und ihre Bedeutung für Jugendliche. Bd. 3: Die Rezeption: Strukturen der Wahrnehmung. Berlin: Vistas.
Altrogge, Michael (2002): Entwicklung, Funktion, Präsentationsformen und Texttypen der Videoclips. In: Leonhard, Joachim-Felix et al. (Hrsg.): Medienwissenschaft. Ein Handbuch zur Entwicklung der Medien und Kommunikationsformen. Berlin; New York: de Gruyter, S. 2439–2452.

Altrogge, Michael; Amann, Rolf (1991): Videoclips – Die geheimen Verführer der Jugend? Schriftenreihe der Landesmedienanstalten. Berlin: Vistas.
Aufderheide, Pat (1986): Music Videos: The Look of Sound. In: Journal of Communication, 36, S. 57–78.
Auslander, Philip (1999): Liveness. Performance in a mediatized culture. London: Routledge.
Ayaß, Ruth (2005): Transkription. In: Mikos, Lothar; Wegener, Claudia (Hrsg.): Qualitative Medienforschung. Ein Handbuch. Konstanz: UVK, S. 377–386.
Ayaß, Ruth; Bergmann, Jörg (Hrsg.) (2006): Qualitative Methoden der Medienforschung. Reinbek bei Hamburg: Rowohlt.
Baacke, Dieter (1998): Neue Ströme der Weltwahrnehmung und kulturelle Ordnung. In: Baacke, Dieter (Hrsg.): Handbuch Jugend und Musik. Opladen: Leske und Budrich, S. 29–57.
Banks, Jack (1996): Monopoly Television. MTV's Quest to Control the Music. Boulder: Westview Press.
Barth, Michael; Neumann-Braun, Klaus (1996): Augenmusik. Musikprogramme im deutschen Fernsehen – am Beispiel von MTV. In: Landesanstalt für Kommunikation Baden-Württemberg (LFK) (Hrsg.): Fernseh- und Radiowelt für Kinder und Jugendliche. Villingen: Neckar Verlag, S. 249–265.
Bätschmann, Oskar (2001): Einführung in die kunstgeschichtliche Hermeneutik. Die Auslegung von Bildern. Darmstadt: Wissenschaftliche Buchgesellschaft.
Bechdolf, Ute (1996): Music Video Histories. In: Hackl, Christiane; Prommer, Elisabeth; Scherer, Brigitte (Hrsg.): Models und Machos? Frauen- und Männerbilder in den Medien. Konstanz: UVK, S. 277–299.
Behne, Klaus-Ernst (Hrsg.) (1987): film – musik – video oder: Die Konkurrenz von Auge und Ohr. Regensburg: Gustav Bosse Verlag.
Bellour, Raymond (1999): Der unauffindbare Text. In: Montage AV, 8, 1, S. 8–17.
Berger, Peter L.; Luckmann, Thomas (1969): Die gesellschaftliche Konstruktion der Wirklichkeit. Eine Theorie der Wissenssoziologie. Frankfurt am Main: Fischer.
Bergermann, Ulrike (2003): Videoclip. In: Hügel, Hans-Otto (Hrsg.): Handbuch Populäre Kultur. Stuttgart: Metzler, S. 478–482.
Bergmann, Jörg (1985): Flüchtigkeit und methodische Fixierung sozialer Wirklichkeit. In: Bonß, Wolfgang; Hartmann, Heinz (Hrsg.): Entzauberte Wissenschaft. Soziale Welt, Sonderband 3. Göttingen: Schwartz, S. 299–320.
Betz, Michael (1990): Willkommen im Dschungel. Versuch der semiotischen Beschreibung eines Videoclips. In: Wulff, Hans J. (Hrsg.): Zweites Film- und Fernsehwissenschaftliches Kolloquium, Berlin '89. Münster: MAKS, S. 235–248.
Bielefeldt, Christian (2008): Voices of Prince. In: Bielefeldt, Christian; Dahmen, Udo; Grossmann, Rolf (Hrsg.): PopMusicology. Perspektiven der Popmusikwissenschaft. Bielefeld: Transcript, S. 201–219.
Bienk, Alice (2008): Filmsprache. Einführung in die interaktive Filmanalyse. Marburg: Schüren.
Bódy, Veruschka; Bódy, Gabor (Hrsg.) (1986): Video in Kunst und Alltag. Vom kommerziellen zum kulturellen Videoclip. Köln: DuMont.

Bódy, Veruschka; Weibel, Peter (Hrsg.) (1987): Clip, Klapp, Bum. Von der visuellen Musik zum Musikvideo. Köln: DuMont.
Bohnsack, Ralf (2003): ›Heidi‹. Eine exemplarische Bildinterpretation auf der Basis der dokumentarischen Methode. In: Ehrenspeck, Yvonne; Schäffer, Burkhard (Hrsg.): Film- und Fotoanalyse in den Erziehungswissenschaften. Opladen: Leske und Budrich, S. 109–120.
Borgstedt, Silke (2008): Der Musik-Star. Vergleichende Imageanalysen von Alfred Brendel, Stefanie Hertel und Robbie Williams. Bielefeld: Transcript.
Borstnar, Nils; Pabst, Eckhard; Wulff, Hans J. (2002): Einführung in die Film- und Fernsehwissenschaft. Konstanz: UVK.
Brackett, David (1995): Interpreting Popular Music. Berkeley: University of California Press.
Brackett, David (2005): Questions of Genre in Black Popular Music. In: Black Music Research Journal, Vol. 25, No. 1/2, S. 73–92.
Bradby, Barbara; Torode, Brian (2000): Pity Peggy Sue. In: Middleton, Richard (Hrsg.): Reading Pop. Approaches to textual analysis in popular music. Oxford: Oxford University Press, S. 203–227.
Bühler, Gerhard (2002): Postmoderne auf dem Bildschirm, auf der Leinwand. Musikvideos, Werbespots und David Lynchs Wild at Heart. Sankt Augustin: Gardez!.
Bunting, Helen (1995): US-Media Markets Leading the World? Bedfordshire: Watkiss Studios.
Burnett, Robert (1996): The Global Jukebox. The International Music Industry. London: Routledge.
Burnett, Robert; Deivert, Bert (1995): Black or White: Michael Jackson's Video as a Mirror of Popular Culture. In: Popular Music and Society, Fall, S. 19–40.
Butler, Mark (2007): Would you like to play a game? Die Kultur des Computerspielens. Berlin: Kadmos.
Chion, Michel (1994): Audio-vision: sound on screen. New York: Columbia University Press.
Curry, Ramona (1993): Madonna von Marilyn zu Marlene. Pastiche oder Parodie? In: Naumann, Barbara (Hrsg.): Vom Doppelleben der Bilder. Bildmedien und ihre Technik. München: Fink, S. 219–247.
Denisoff, R. Serge (1988): Inside MTV. New Brunswick/NJ: Transaction Publishers.
Deppermann, Arnulf (1999): Gespräche analysieren. Opladen: Leske und Budrich.
Deutsches Filmmuseum Frankfurt (Hrsg.) (1993): Sound & Vision. Musikvideo und Filmkunst. Frankfurt am Main: Deutsches Filmmuseum.
Dittmar, Norbert (2002): Transkription. Ein Leitfaden mit Aufgaben für Studenten, Forscher und Laien. Opladen: Leske und Budrich.
Dreier, Hardy (2006): Cross Promotion. In: Hans-Bredow-Institut für Medienforschung (Hrsg.): Medien von A bis Z. Wiesbaden: VS Verlag für Sozialwissenschaften, S. 82–84.
Faulstich, Werner (2002): Grundkurs Filmanalyse. 2. Aufl. München: Fink.
Faulstich, Werner (2008): Grundkurs Fernsehanalyse. Paderborn: Fink.

Filk, Christian; Lommel, Michael (2004): Media synaesthetics – eine Einleitung. In: Filk, Christian et al. (Hrsg.): Media synaesthetics: Konturen einer physiologischen Medienästhetik. Köln: Halem, S. 9–19.
Fiori, Umberto (2000): Peter Gabriel's ›I have the touch‹. In: Middleton, Richard (Hrsg.): Reading Pop. Approaches to textual analysis in popular music. Oxford: Oxford University Press. S. 183–191.
Fischer-Lichte, Erika (2004): Ästhetik des Performativen. Frankfurt am Main: Suhrkamp.
Fiske, John (1987): Television culture: Popular pleasure and politics. London: Routledge.
Fix, Ulla (2000): Aspekte der Intertextualität. In: Brinker, Klaus et al. (Hrsg.): Text- und Gesprächslinguistik/Linguistics of Text and Conversation. 1. Halbband. Berlin; New York: de Gruyter, S. 449–457.
Flückiger, Barbara (2008): Visual Effects. Filmbilder aus dem Computer. Marburg: Schüren.
Frith, Simon (1988a): Making Sense of Video. Pop into the Nineties. In: Frith, Simon (Hrsg.): Music for Pleasure. Essays in the Sociology of Pop. Oxford: Polity Press, S. 205–225.
Frith, Simon (1988b). Video Pop: Picking up the Pieces. In: Frith, Simon (Hrsg.): Facing the Music. Essays on Pop, Rock and Culture. London: Mandarin, S. 88–130.
Frith, Simon (1993): Youth/Music/Television. In: Frith, Simon et al. (Hrsg.): Sound and Vision: The Music Video Reader. London: Routledge, S. 67–84.
Frith, Simon (1996): Performing Rites. On the Value of Popular Music. Cambridge: Cambridge University Press.
Frith, Simon et al. (Hrsg.) (1993): Sound and Vision: the Music Video Reader. London: Routledge.
Gehr, Herbert (1993): The Gift of Sound and Vision. In: Deutsches Filmmuseum Frankfurt (Hrsg.): Sound & Vision – Musikvideo und Filmkunst. Frankfurt am Main: Deutsches Filmmuseum, S. 10–28.
Genette, Gérard (1998): Die Erzählung. München: Fink.
Goodwin, Andrew (1992): Dancing in the Distraction Factory. Music Television and Popular Culture. London: Routledge.
Goodwin, Andrew (1993): Fatal Distraction: MTV Meets Postmodern Theory. In: Frith, Simon (Hrsg.): Sound and Vision: The Music Video Reader. London: Routledge, S. 45–66.
Griffiths, Dai (2003): From lyric to anti-lyric: analyzing the words in pop songs. In: Moore, Allan F. (Hrsg.): Analyzing Popular Music. Cambridge: Cambridge University Press, S. 39–59.
Großmann, Rolf (1998): Wo beginnt Intermedialität? Latente Prämissen und Dimensionen eines klärungsbedürftigen Konzepts. In: Helbig, Jörg (Hrsg.): Intermedialität. Theorie und Praxis eines interdisziplinären Forschungsgebiets. Berlin: Erich Schmidt, S. 108–119.
Gumbrecht, Hans U. (2004): Diesseits der Hermeneutik. Die Produktion von Präsenz. Frankfurt am Main: Suhrkamp.
Hartung, Martin (2006): Datenaufbereitung, Transkription, Präsentation. In: Ayaß, Ruth; Bergmann, Jörg (Hrsg.): Qualitative Methoden der Medienforschung. Reinbek bei Hamburg: Rowohlt, S. 475–488.

Hausendorf, Heiko (2001): Warum wir im Fernsehen so häufig begrüßt und angeredet werden. Eine exemplarische Studie am Beispiel der Sendung mit der Maus. In: Sutter, Tilmann; Charlton, Michael (Hrsg.): Massenkommunikation, Interaktion und soziales Handeln. Wiesbaden: Westdeutscher Verlag, S. 185–213.

Hausheer, Cecilia (1994): Werbende Klangaugen. In: Hausheer, Cecilia; Schönholzer, Annette (Hrsg.): Visueller Sound. Musikvideos zwischen Avantgarde und Populärkultur. Luzern: Zyklop-Verlag, S. 186–197.

Hausheer, Cecilia; Schönholzer, Annette (Hrsg.) (1994): Visueller Sound. Musikvideos zwischen Avantgarde und Populärkultur. Luzern: Zyklop-Verlag.

Hebdige, Dick (1979): Subculture. The meaning of style. London: Methuen.

Helms, Dietrich (2003a): In Bed With Madonna. Gedanken zur Analyse von Videoclips aus medientheoretischer Sicht. In: Helms, Dietrich; Phleps, Thomas (Hrsg.): Clipped Differences. Geschlechterrepräsentationen im Musikvideo. Bielefeld: Transcript, S. 99–118.

Helms, Dietrich (2003b): Vom System Ton zum System Sound. In: Phleps, Thomas; Appen, Ralf von (Hrsg.): Pop Sounds. Klangtexturen in der Pop- und Rockmusik. Bielefeld: Transcript, S. 197–228.

Hempel, Christoph (2011): Visualisierung populärer Musik in Musikbearbeitungsprogrammen. Ein Streifzug durch die Welt der Grooves, Patterns und Sounds. In: Jost, Christofer et al. (Hrsg.): Populäre Musik, mediale Musik? Transdisziplinäre Beiträge zu den Medien der populären Musik. Baden-Baden: Nomos, S. 81–94.

Hickethier, Knut (1996): Film- und Fernsehanalyse. Stuttgart: Metzler.

Hitzler, Ronald (1991): Dummheit als Methode. Eine dramatologische Textinterpretation. In: Garz, Detlef; Kraimer, Klaus (Hrsg.): Qualitativ-empirische Sozialforschung. Opladen: Westdeutscher Verlag, S. 295–318.

Hörisch, Jochen (2006): Eine Geschichte der Medien. Von der Oblate zum Internet. Frankfurt am Main: Suhrkamp.

Holly, Werner; Püschel, Ulrich (Hrsg.) (1993): Medienrezeption als Aneignung. Methoden und Perspektiven qualitativer Medienforschung. Opladen: Westdeutscher Verlag.

Jacke, Christoph (2003): Kontextuelle Kontingenz. Musikclips im wissenschaftlichen Umgang. In: Helms, Dietrich; Phleps, Thomas (Hrsg.): Clipped Differences. Geschlechterrepräsentationen im Musikvideo. Bielefeld: Transcipt, S. 27–40.

Jäckel, Michael (1995): Interaktion. Soziologische Anmerkungen zu einem Begriff. In: Rundfunk und Fernsehen, 4, S. 463–476.

Jonas, Hans (1987): Zwischen Nichts und Ewigkeit: 3 Aufsätze zur Lehre vom Menschen. Göttingen: Vandenhoeck und Ruprecht.

Jost, Christofer (2012): Musik, Medien und Verkörperung. Transdisziplinäre Analyse populärer Musik. Baden-Baden: Nomos.

Jost, Christofer; Klug, Daniel (2009): Integrierte Bild-Text-Ton-Analyse. Am Beispiel des Musikclips Californication. In: Jost, Christofer (Hrsg.): Die Bedeutung populärer Musik in audiovisuellen Formaten. Baden-Baden: Nomos, S. 197–242.

Jost, Christofer; Neumann-Braun, Klaus (2010a): Comeback populärer Laienmusikkultur(en) unter digitalen Vorzeichen. In: MusikTheorie. Zeitschrift für Musikwissenschaft, 25. Jahrgang, Heft 4, S. 364–379.

Jost, Christofer; Neumann-Braun, Klaus (2010b): Do-it-yourself-Musikstars oder der Siegeszug von Amateurbildern (Stills) und -filmen (Clips) im Social Web. In: Museum Folkwang (Hrsg.): A Star is Born. Fotografie und Rock seit Elvis. Göttingen: Edition Folkwang; Steidl, S. 283–294.

Jost, Christofer et al. (2010): Bild-Text-Ton-Analysen intermedial – am Beispiel von Musik(video)clips. In: Deppermann, Arnulf; Linke, Angelika (Hrsg.): Sprache intermedial: Stimme und Schrift, Bild und Ton. Jahrbuch des Instituts für Deutsche Sprache 2009. Berlin; New York: de Gruyter, S. 469–492.

Junker, Iris; Kettner, Matthias (1996): Most wanted. Die televisionäre Ausdrucksform der Popmusik. In: Frauen und Film, 58/59, S. 45–58.

Kaplan, E. Ann (1987): Rocking Around the Clock. Music Television, Postmodernism and Consumer Culture. London: Methuen.

Keazor, Henry; Wübbena, Thorsten (2005): Video Thrills the Radio Star. Musikvideos: Geschichte, Themen, Analysen. Bielefeld: Transcript.

Keppler, Angela (2001): Mediales Produkt und sozialer Gebrauch. Stichworte zu einer inklusiven Medienforschung. In: Sutter, Tilmann; Charlton, Michael (Hrsg.): Massenkommunikation, Interaktion und soziales Handeln. Wiesbaden: Westdeutscher Verlag, S. 125–145.

Keppler, Angela (2005a): Die Einheit von Bild und Ton. Zu einigen Grundlagen der Filmanalyse. In: Mai, Manfred; Winter, Rainer (Hrsg.): Das Kino der Gesellschaft – die Gesellschaft des Kinos. Interdisziplinäre Positionen, Analysen und Zugänge. Düsseldorf: von Halem, S. 60–78.

Keppler, Angela (2005b): Fiktion und Dokumentation: Zur filmischen Inszenierung von Realität. In: Wulf, Christoph; Zirfas, Jörg (Hrsg.): Ikonologie des Performativen. München: Fink, S. 189–200.

Keppler, Angela (2006): Mediale Gegenwart. Eine Theorie des Fernsehens am Beispiel der Darstellung von Gewalt. Frankfurt am Main: Suhrkamp.

Kerscher, Gottfried; Richard, Birgit (2003): MoVie und MuVi. Zur Interpretation bewegter Bilder in Film und Musikvideoclips als Bildwissenschaft und ›kritische Stilanalyse‹. In: Ehrenspeck, Yvonne; Schäffer, Burkhard (Hrsg.): Film- und Fotoanalyse in der Erziehungswissenschaft. Opladen: Leske und Budrich, S. 203–223.

Kessler, Katja (2007): O-Ton. In: Maye, Harun (Hrsg.): Original/Ton. Zur Mediengeschichte des O-Tons. Konstanz: UVK, S. 81–90.

Kittler, Friedrich A. (1999): Gramophone, film, typewriter. Stanford/Calif.: Stanford University Press.

Klug, Daniel (2011a): (Un-)Stimmigkeiten. Zur Darstellungspraxis des lipsynching in der Audio-Vision des Musikclips. In: Jost, Christofer et al. (Hrsg.): Populäre Musik, mediale Musik? Transdisziplinäre Beiträge zu den Medien der populären Musik. Baden-Baden: Nomos, S. 201–230.

Klug, Daniel (2011b): Aus zwei mach eins? Das Original(e) in der Audio-Vision des Musikclips. In: Grosch, Nils; Hörner, Fernand (Hrsg.): Lied und populäre Kultur/ Song and Popular Culture. Jahrbuch des Deutschen Volksliedarchivs. Band 55: Original und Kopie. Münster: Waxmann, S. 43–61.

Koch, Gertrud (1996): FilmMusikVideo. Zu einer Theorie medialer Transgression. In: Frauen und Film, 58/59, S. 3–23.

Korte, Helmut (2004): Einführung in die systematische Filmanalyse. Ein Arbeitsbuch. Berlin: Erich Schmidt.
Korte, Helmut (2005): Sequenzprotokoll. In: Mikos, Lothar; Wegener, Claudia (Hrsg.): Qualitative Medienforschung. Ein Handbuch. Konstanz: UVK, S. 387–394.
Krämer, Sybille (2006): Die ›Rehabilitierung der Stimme‹. Über die Oralität hinaus. In: Kolesch, Doris; Krämer, Sybille (Hrsg.): Stimme. Annäherung an ein Phänomen. Frankfurt am Main: Suhrkamp, S. 269–295.
Krotz, Friedrich (1992): Handlungsrollen und Fernsehnutzung. Umriss eines theoretischen und empirischen Konzepts. In: Rundfunk und Fernsehen, 40, 2, S. 222–246.
Krotz, Friedrich (2007): Mediatisierung: Fallstudien zum Wandel von Kommunikation. Wiesbaden: VS Verlag für Sozialwissenschaften.
Kühnel, Jürgen (2004): Einführung in die Filmanalyse. Teil 2: Dramaturgie des Spielfilms. 2. Aufl. Siegen: Universitätsverlag.
Kühnel, Jürgen (2008): Einführung in die Filmanalyse. Teil 1: Die Zeichen des Films. 3. Aufl. Siegen: Universitätsverlag.
Kurp, Matthias et al. (2002): Musikfernsehen in Deutschland. Politische, soziologische und medienökonomische Aspekte. Wiesbaden: Westdeutscher Verlag.
Langer, Susanne K. (1992): Philosophie auf neuem Wege. Das Symbol im Denken, im Ritus und in der Kunst. Frankfurt am Main: Fischer.
Leschke, Rainer (2007): Einführung in die Medientheorie. München: UTB.
Luhmann, Niklas (2004): Die Realität der Massenmedien. 3. Aufl. Wiesbaden: VS Verlag für Sozialwissenschaften.
Mannheim, Karl (2004): Beiträge zur Theorie der Weltanschauungs-Interpretation. In: Strübing, Jörg; Schnettler, Bernt (Hrsg.): Methodologie interpretativer Sozialforschung – Klassische Grundlagentexte. Konstanz: UVK, S. 101–153.
McGrath, Tom (1996): The Making of a Revolution: MTV. Philadelphia; London: Running Press.
Menge, Johannes (1990): Videoclips. Ein Klassifikationsmodell. In: Wulff, Hans J. (Hrsg.): Zweites Film- und Fernsehwissenschaftliches Kolloquium, Berlin '89. Münster: MAKS, S. 189–200.
Mercer, Kobena (1989): Monster Metaphores. Notes on Michael Jackson's Thriller. In: McRobbie, Angela (Hrsg.): Zoot Suits and Second Hand Dresses. An Anthology of Fashion and Music. Boston: Unwin Hyman, S. 50–73.
Meyrowitz, Joshua (1986): Television and Interpersonal Behavior: Codes of Perception and Response. In: Gumpert, Gary; Cathcart, Robert (Hrsg.): Inter/media. Interpersonal communication in a media world. New York; Oxford: Oxford University Press, S. 253–272.
Middleton, Richard (2001): Musikalische Dimensionen. Genres, Stile, Aufführungspraktiken. In: Wicke, Peter (Hrsg.): Rock- und Popmusik. Handbuch der Musik im 20. Jahrhundert. Band 8. Laaber: Laaber, S. 63–106.
Mikos, Lothar (2003): Film- und Fernsehanalyse. Konstanz: UVK.
Mikos, Lothar (2005): Film-, Fernseh- und Fotoanalyse. In: Mikos, Lothar; Wegener, Claudia (Hrsg.): Qualitative Medienforschung. Ein Handbuch. Konstanz: UVK, S. 458–465.

Monaco, James (2006): Film und Neue Medien. Lexikon der Fachbegriffe. 3. Aufl. Rowohlt: Reinbek bei Hamburg.
MTV Werbeprospekt (1998a). MTV: Der erfolgreichste globale Fernsehsender der Welt.
MTV Werbeprospekt (1998b). Viewing the Viewers. Eine qualitative Jugendstudie.
Müller, Eggo (1999): Populäre Visionen. Ein Sampler zur Debatte um Musikclips und Musikfernsehen in den Cultural Studies. In: Neumann-Braun, Klaus (Hrsg): Viva MTV! Popmusik im Fernsehen. Frankfurt am Main: Suhrkamp, S. 74-89.
Müller, Marion G. (2003): Grundlagen der visuellen Kommunikation. Theorieansätze und Analysemethoden. Konstanz: UVK.
Müller-Doohm, Stefan (1995): Visuelles Verstehen. Konzepte kultursoziologischer Bildhermeneutik. In: Jung, Thomas; Müller-Doohm, Stefan (Hrsg.): ›Wirklichkeit‹ im Deutungsprozess. Frankfurt am Main: Suhrkamp, S. 438-457.
Müller-Doohm, Stefan (1997): Bildinterpretation als struktural-hermeneutische Symbolanalyse. In: Hitzler, Ronald; Honer, Anne (Hrsg.): Sozialwissenschaftliche Hermeneutik. Opladen: Leske und Budrich, S. 81-108.
Museum Folkwang (Hrsg.) (2010): A Star Is Born. Fotografie und Rock seit Elvis. Göttingen: Edition Folkwang; Steidl.
Neumann-Braun, Klaus (Hrsg.) (1999): Viva MTV! Popmusik im Fernsehen. Frankfurt am Main: Suhrkamp.
Neumann-Braun, Klaus et al. (1997): Kunsthalle und Supermarkt – Videoclips und Musikfernsehen. Eine forschungsorientierte Literatursichtung. In: Rundfunk und Fernsehen, 45(1), S. 69-86.
Neumann-Braun, Klaus; Schmidt, Axel (1999): McMusic. Einführung. In: Neumann-Braun, Klaus (Hrsg.): Viva MTV! Popmusik im Fernsehen. Frankfurt am Main: Suhrkamp, S. 7-42.
Oevermann, Ulrich (2000): Die Methode der Fallrekonstruktion in der Grundlagenforschung sowie der klinischen und pädagogischen Praxis. In: Kraimer, Klaus (Hrsg.): Die Fallrekonstruktion. Sinnverstehen in der sozialwissenschaftlichen Forschung. Frankfurt am Main: Suhrkamp, S. 58-156.
Opl, Eberhard (1990): Zur Frage der Audiovisuellen »Codeebenen«. Versuch einer Gliederung. In: Kodikas/Code, 13, 3/4, S. 277-306.
Paech, Joachim (1994): Bilder-Rhythmus. In: Hausherr, Cecilia (Hrsg.): Visueller Sound. Luzern: Zyklop, S. 46-63.
Panofsky, Erwin (1975): Sinn und Deutung in der bildenden Kunst: (Meaning in the visual arts). Köln: DuMont.
Panofsky, Erwin (1992): Zum Problem der Beschreibung und Inhaltsdeutung von Werken der bildenden Kunst. In: Weisstein, Ulrich (Hrsg.): Literatur und bildende Kunst: Ein Handbuch zur Theorie und Praxis eines komparatistischen Grenzgebiets. Berlin: Erich Schmidt, S. 210-220.
Rajewsky, Irina O. (2002): Intermedialität. Tübingen: UTB.
Rapp, Uri (1973): Handeln und Zuschauen: Untersuchungen über den theatersoziologischen Aspekt in der menschlichen Interaktion. Darmstadt: Luchterhand.
Redder, Angelika (2001): Aufbau und Gestaltung von Transkriptionssystemen. In: Brinker, Klaus et al. (Hrsg.): Text- und Gesprächslinguistik/Linguistics of Text and Conversation. 2. Halbband. Berlin; New York: de Gruyter, S. 1038-1059.

Reichertz, Jo (1992): Der Morgen danach. Hermeneutische Auslegung einer Werbefotographie in zwölf Einstellungen. In: Hartmann, Hans A.; Haubl, Rolf (Hrsg.): Bilderflut und Sprachmagie. Fallstudien zur Kultur der Werbung. Opladen: Westdeutscher Verlag, S. 141–164.

Reichertz, Jo (2005): Wissenssoziologische Verfahren der Bildinterpretation. In: Mikos, Lothar; Wegener, Claudia (Hrsg.): Qualitative Medienforschung. Ein Handbuch. Konstanz: UVK, S. 141–152.

Rettenmund, Matthew (1996): Totally awesome 80s. New York: St. Martin's Griffin Press.

Richard, Birgit (2003): Repräsentationsräume: Kleine Utopien und weibliche Fluchten. Grotesken im HipHop-Clip. In: Helms, Dietrich; Phleps, Thomas (Hrsg.): Clipped Differences. Geschlechterrepräsentationen im Musikvideo. Bielefeld: Transcipt, S. 81–97.

Richter, Sebastian (2008): Digitaler Realismus. Zwischen Computeranimation und Live-Action. Die neue Bildästhetik in Spielfilmen. Bielefeld: Transcript.

Rösing, Helmut (2003): Bilderwelt der Klänge – Klangwelt der Bilder. Beobachtungen zur Konvergenz der Sinne. In: Helms, Dietrich; Phleps, Thomas (Hrsg.): Clipped Differences. Geschlechterrepräsentationen im Musikvideo. Bielefeld: Transcript, S. 9–26.

Sachs-Hombach, Klaus (2003): Vom Bild zum Film. Zur begrifflichen Analyse wahrnehmungsnaher Kommunikation. In: Ehrenspeck, Yvonne; Schäffer, Burkhard (Hrsg.): Film- und Fotoanalyse in den Erziehungswissenschaften. Opladen: Leske und Budrich, S. 121–134.

Schmidbauer, Michael; Löhr, Paul (1996): Das Programm für Jugendliche: Musikvideos in MTV Europe und VIVA. In: Televizion, 9, S. 6–32.

Schmidt, Axel (2011): Medien | Interaktion. Zum Zusammenhang von Handeln und Darstellen am Beispiel faktualer Fernsehformate. Baden-Baden: Nomos.

Schmidt, Siegfried J. (1994): Kognitive Autonomie und soziale Orientierung. Konstruktivistische Bemerkungen zum Zusammenhang von Kognition, Kommunikation, Medien und Kultur. Frankfurt am Main: Suhrkamp.

Schneider, Albrecht (2009): Komposition und Produktion von ›U-Musik‹ unter dem Einfluss technischer Medien. In: Schramm, Holger (Hrsg.): Handbuch Musik und Medien. Konstanz: UVK, S. 495–530.

Schneider, Wolfgang L. (1994): Die Beobachtung von Kommunikation. Zur kommunikativen Konstruktion sozialen Handelns. Opladen: Westdeutscher Verlag.

Schneider, Wolfgang L. (1997): Die Analyse von Struktursicherungsoperationen als Kooperationsfeld von Konversationsanalyse, objektiver Hermeneutik und Systemtheorie. In: Sutter, Tilmann (Hrsg.): Beobachtung verstehen – Verstehen beobachten. Perspektiven einer konstruktivistischen Hermeneutik. Opladen: Westdeutscher Verlag, S. 164–227.

Schneider, Wolfgang L. (2001): Intersubjektivitätsproduktion in Interaktion und Massenkommunikation. In: Sutter, Tilmann; Charlton, Michael (Hrsg.): Massenkommunikation, Interaktion und soziales Handeln. Opladen: Westdeutscher Verlag, S. 84–110.

Schneider, Wolfgang L. (2004): Grundlagen der soziologischen Theorie. Band 3: Sinnverstehen und Intersubjektivität – Hermeneutik, funktionale Analyse, Konversationsanalyse und Systemtheorie. Wiesbaden: VS Verlag für Sozialwissenschaften.

Schneider, Wolfgang L. (2008): Systemtheorie und sequenzanalytische Forschungsmethoden. In: Kalthoff, Herbert et al. (Hrsg.): Theoretische Empirie: zur Relevanz qualitativer Forschung. Frankfurt am Main: Suhrkamp, S. 129–162.

Schröter, Jens (1998): Intermedialität. In: Montage AV, 7, 2, S. 129–154.

Schütz, Alfred (2003): Erleben, Sprache und Begriff. In: Knoblauch, Hubert et al. (Hrsg.): Alfred Schütz Werkausgabe Band V.2. Theorie der Lebenswelt 2. Die kommunikative Ordnung der Lebenswelt. Konstanz: UVK, S. 37–78.

Schütz, Alfred (2004): Common-Sense und wissenschaftliche Interpretation menschlichen Handelns. In: Strübing, Jörg; Schnettler, Bernt (Hrsg.): Methodologie interpretativer Sozialforschung. Konstanz: UVK (UTB), S. 155–197.

Schulte-Eversum, Kristina M. (2007): Zwischen Realität und Fiktion: Dogma 95 als postmoderner Wirklichkeits-Remix? Konstanz: UVK.

Schumm, Gerhard (1993): Die Macht der Cuts. In Naumann, Barbara (Hrsg.): Vom Doppelleben der Bilder. Bildmedien und ihre Technik. München: Fink, S. 249–278.

Schwichtenberg, Cathy (1992): Music Video: The Popular Pleasures of Visual Music. In Lull, James (Hrsg.): Popular Music and Communication. London: Sage, S. 116–133.

Schwichtenberg, Cathy (Hrsg.) (1993): The Madonna Connection. Representational Politics, Subcultural Identities and Cultural Theory. Boulder: Westview Press.

Selting, Margret et al. (1998): Gesprächsanalytisches Transkriptionssystem (GAT). In: Linguistische Berichte, 173, S. 91–122.

Sierek, Karl (1994): Monolog und Ekstase. Zum Bildbau im Musikclip. In: Faulstich, Werner; Schäffner, Gerhard (Hrsg.): Die Rockmusik der 80er Jahre. Bardowick: Wissenschaftlicher Verlag, S. 186–197.

Simmel, Georg (1919): Der Henkel. In: Ders.: Philosophische Kultur. Leipzig: Alfred Kröner Verlag, S. 116–124.

Soeffner, Hans-Georg (1989): Alltagsverstand und Wissenschaft. Anmerkungen zu einem alltäglichen Verständnis von Wissenschaft. In: Ders. (Hrsg.): Auslegung des Alltags – Alltag der Auslegung. Frankfurt am Main: Suhrkamp, S. 10–50.

Souriau, Etienne (1997): Die Struktur des filmischen Universums und das Vokabular der Filmologie. In: Montage AV, 6, 2, S. 140–157.

Spielmann, Yvonne (1998): Intermedialität. Das System Peter Greenaway. München: Wilhelm Fink.

Springsklee, Holger (1987): Video-Clips – Typen und Auswirkungen. In: Behne, Klaus-Ernst (Hrsg.): film – musik – video oder: Die Konkurrenz von Auge und Ohr. Regensburg: Gustav Bosse Verlag, S. 127–154.

Stange-Elbe, Joachim; Bronner, Kai (2008): Musikinstrumentenindustrie im digitalen Paradigmenwechsel. In: Gensch, Gerhard et al. (Hrsg.): Musikrezeption, Musikdistribution und Musikproduktion. Der Wandel des Wertschöpfungsnetzwerks in der Musikwirtschaft. Wiesbaden: Gabler, S. 311–334.

Vernallis, Carol (2002): The Functions of Lyrics in Music Video. In: Journal of Popular Music Studies, 14, S. 11–31.

Weibel, Peter (1987): Von der visuellen Musik zum Musikvideo. In: Bódy, Veruschka; Weibel, Peter (Hrsg.): Clip, Klapp, Bum. Von der visuellen Musik zum Musikvideo. Köln: DuMont, S. 53–164.

Weingarten, Susanne (2008): Patchwork der Pixel – Zu den Folgen der Digitalisierung für die Filmästhetik. In: Kloock, Daniela (Hrsg.): Zukunft Kino: the end of the reel world. Marburg: Schüren, S. 222–233.

Wicke, Peter (1992): Jazz, Rock und Popmusik. In: Stockmann, Doris (Hrsg.): Volks- und Popularmusik in Europa. Laaber: Laaber, S. 445–477.

Wicke, Peter (2001): Sound-Technologien und Körper-Metamorphosen. Das Populäre in der Musik des 20. Jahrhunderts. In: Wicke, Peter (Hrsg.): Rock- und Popmusik. Handbuch der Musik im 20. Jahrhundert. Band 8. Laaber: Laaber, S. 11–60.

Wicke, Peter (2009): Der Tonträger als Medium der Musik. In: Schramm, Holger (Hrsg.): Handbuch Medien und Musik. Konstanz: UVK, S. 49–87.

Wicke, Peter et al.(2001): Handbuch der populären Musik. 4. Aufl. Mainz: Schott.

Wiesing, Lambert (2006): Artifizielle Präsenz: Studien zur Philosophie des Bildes. Frankfurt am Main: Suhrkamp.

Wiesing, Lambert (2008): Was sind Medien? In: Münker, Stefan; Roesler, Alexander (Hrsg.): Was ist ein Medium? Frankfurt am Main: Suhrkamp, S. 235–248.

Willems, Herbert (2000): Medienproduktion, Medienprodukt, Medienrezeption. In: Medien & Kommunikationswissenschaft, 48, 2, S. 212–225.

Williams, Kevin (2003): Why I (still) want my MTV. Music Video and Aesthetic Communication. Cresskill: Hampton Press.

Winter, Rainer; Kagelmann, H. Jürgen (1993): Videoclip. In: Bruhn, Herbert et al. (Hrsg.): Musikpsychologie. Ein Handbuch. Reinbek bei Hamburg: Rowohlt, S. 208–220.

Wulf, Christoph (1984): Das gefährdete Auge – Ein Kaleidoskop der Geschichte des Sehens. In: Kamper, Dietmar; Wulf, Christoph (Hrsg.): Das Schwinden der Sinne. Frankfurt am Main: Suhrkamp.

Wulff, Hans J. (1989): Die Ordnung der Bilderflut. Konstellation medialer Kommunikation als strukturbildendes Prinzip in Performance-Videos. In: Rundfunk und Fernsehen, 37, S. 435–446.

Wulff, Hans J. (1998): Semiotik der Filmanalyse. Ein Beitrag zur Methodologie und Kritik filmischer Werkanalyse. In: Medienpsychologie, 21, 1-2, S. 19–36.

Wulff, Hans J. (1999a): Darstellen und Mitteilen: Elemente der Pragmasemiotik des Films. Tübingen: Narr.

Wulff, Hans J. (1999b): The Cult of Personality – authentisch simulierte Rockvideos. In Neumann-Braun, Klaus (Hrsg.): Viva MTV! Popmusik im Fernsehen. Frankfurt am Main: Suhrkamp, S. 262–278.

Wulff, Hans J. (2006): Filmanalyse. In: Ayaß, Ruth; Bergmann, Jörg (Hrsg.): Qualitative Methoden der Medienforschung. Reinbek bei Hamburg: Rowohlt, S. 220–244.

Wuss, Peter (1993): Filmanalyse und Psychologie: Strukturen des Films im Wahrnehmungsprozess. Berlin: Edition Sigma.

Zumthor, Paul (1988): Körper und Performanz. In: Gumbrecht, Hans U. et al. (Hrsg.): Materialität der Kommunikation. Frankfurt am Main: Suhrkamp, S. 703–714.

Zumthor, Paul (2002): Mündlichkeit/Oralität. In: Barck, Karl-Heinz (Hrsg.): Ästhetische Grundbegriffe. Historisches Wörterbuch. Stuttgart: Metzler, S. 234–256.

Internet

Burton, Sandra (1972): The Great Wild Californicated West. In: Time.com. URL: http://www.time.com/time/magazine/article/0,9171,877985,00.html (letzter Zugriff am 04. 06. 2012)
Roth, Wolf-Dieter (2005): Vom Tonfilm bis zum Klingelton. Videoclips in der Popmusik: Älter als MTV. In: www.heise.de/tp/r4/artikel/21/21656/1.html. (letzter Zugriff am 11. 07. 2012)

Audio und Audiovision

Red Hot Chili Peppers (1991): Blood Sugar Sex Magik (Album). Warner.
Red Hot Chili Peppers (1991): Give It Away. In: Dies.: Blood Sugar Sex Magik. Warner.
Red Hot Chili Peppers (1991): Suck My Kiss. In: Dies.: Blood Sugar Sex Magik. Warner.
Red Hot Chili Peppers (1991): Under the Bridge. In: Dies.: Blood Sugar Sex Magik. Warner.
Red Hot Chili Peppers (1995): One Hot Minute. Warner.
Red Hot Chili Peppers (1999): Californication (Album). Warner.
Red Hot Chili Peppers (1999): Around the World. In: Dies.: Californication. Warner.
Red Hot Chili Peppers (1999): Otherside. In: Dies.: Californication. Warner.
Red Hot Chili Peppers (1999): Scar Tissue. In: Dies.: Californication. Warner.
Red Hot Chili Peppers (1999): Road Trippin'. In: Dies.: Californication. Warner.
Red Hot Chili Peppers (2000): Californication (Single). Warner.
Red Hot Chili Peppers (2002): By The Way (Album). WEA.
Red Hot Chili Peppers (2002): By The Way. In: Dies.: By The Way. WEA.
Red Hot Chili Peppers (2003): Californication. In: Red Hot Chili Peppers: Greatest Hits and Videos (DVD). Warner.
Red Hot Chili Peppers (2006): Stadium Arcadium (Album). Warner.
Red Hot Chili Peppers (2006): Dani California. In: Dies.: Stadium Arcadium. Warner.

Umfassender Überblick zu den Speziellen Soziologien

> Das erste umfassende Handbuch zur Stadtsoziologie

Frank Eckardt
Handbuch Stadtsoziologie
2012. ca. 843 S. mit 14 Abb.
Geb. EUR 69,95
ISBN 978-3-531-17168-5

Heutige Gesellschaften lassen sich in erster Linie als städtisch geprägt verstehen. Doch was bedeutet es, als Individuum in einer Stadt aufzuwachsen, sich in ihr zu orientieren und sein Leben mit anderen Menschen zu gestalten?

In diesem Handbuch werden die unterschiedlichen Seiten der Stadtgesellschaft wie das multikulturelle Zusammenleben, soziale Ungleichheiten und Segregation, Mobilität, Kriminalität, Stadtplanung, Lokalpolitik oder das Leben in Nachbarschaften und in öffentlichen Räumen unter dieser Fragestellung beleuchtet.

Das Handbuch bietet eine Übersicht über das soziologische Wissen zu den unterschiedlichen Aspekten städtischen Lebens. Dabei werden übergeordnete theoretische Diskussionen von der „Megacity" bis hin zur „Europäischen Stadt" aufgearbeitet.

Um einen Anschluss an die weitergehenden Debatten der Soziologien zu ermöglichen, werden zudem klassische und neuere Theorien hinsichtlich ihres Stadt- und Raumverständniss eingeführt.

Erhältlich im Buchhandel oder beim Verlag.
Änderungen vorbehalten. Stand: Januar 2012.

Einfach bestellen:
SpringerDE-service@springer.com
tel +49(0)6221/345–4301
springer-vs.de

GPSR Compliance

The European Union's (EU) General Product Safety Regulation (GPSR) is a set of rules that requires consumer products to be safe and our obligations to ensure this.

If you have any concerns about our products, you can contact us on

ProductSafety@springernature.com

In case Publisher is established outside the EU, the EU authorized representative is:

Springer Nature Customer Service Center GmbH
Europaplatz 3
69115 Heidelberg, Germany

www.ingramcontent.com/pod-product-compliance
Lightning Source LLC
Chambersburg PA
CBHW071721100426
42873CB00016B/363